나는
죽을 권리가
있습니다

死の授業

존엄사와 안락사에 대한 수업의 기록

나는
죽을 권리가
있습니다

나가오 가즈히로 지음 | 김소연 옮김

SYMPOSIA

나는 죽을 권리가 있습니다

초판 2쇄 인쇄 2017년 12월 04일
초판 2쇄 발행 2017년 12월 08일

지은이 | 나가오 가즈히로
옮긴이 | 김소연
펴낸이 | 서덕일
펴낸곳 | 심포지아

책임편집 | 김소현 편집 | 정은선
디자인 | 김상보 마케팅 | 박예진

출판등록 | 2014.12.24 (제2014-73호)
주소 | 경기도 파주시 회동길 366 (10881)
전화 | (02)499-1281~2 팩스 (02)499-1283
전자우편 | info@moonyelim.com
홈페이지 | www.moonyelim.com

ISBN 979-11-954456-6-0 03100
값 12,000원

차례

우리는 다음 봄을 맞이할 수 있을까?

이 원고를 쓰고 있는 지금은 한겨울이다. 나는 겨울이 정말 싫다. 원래 심하게 추위를 타는 데다가 무엇보다 겨울에는 죽음을 맞는 사람이 많은 것 같아서다. 그러고 보니 나의 아버지가 자사自死한 것도 겨울이었다.

한겨울, 한밤중에 임종을 앞둔 환자를 살피는 것은 그 어느 때보다 힘들다. 지금까지 2천 명이 넘는 환자들을 봐왔지만 이런 밤에는 '사람은 반드시 죽는다'는 엄연한 사실을 평소보다 뼈저리게 느낀다. 임종을 선고하고 사망진단서를 작성하고 유가족에게 그간의 노고를 위로하고 앞일에 대해 상담을 하고 아직 체온이 느껴지는 환자의 시신에 예를 표하며 작별을 고한 뒤 그 집을 나선다.

또 하나의 생명의 불꽃이 꺼진 한밤중. 고요한 마을의 공기는 얼어붙을 듯 차갑다. 하지만 동쪽 하늘은 환하게 동이 터 오르고 있다.

어서 봄이 왔으면 좋겠다고 생각해본다. 봄이 오면 벚꽃이 핀다. 우리 병원에서는 매년 4월 초에 재택 환자나 가족을 잃은 지 얼마 안 되는 유가족을 초청해 가까운 공원에서 조촐하게 벚꽃놀이를 한다. 누구나 벚꽃을 좋아한다. 나도 그렇다. 환자 본인은 물론 가족들도 무척 좋아한다. 꽃망울을 터뜨리는 벚꽃은 길고 힘겨웠던 겨울에 작별을 고하고, 다시 살아갈 힘을 준다.

의사들은 환자 가족에게 종종 이런 질문을 받고는 한다.

“선생님, 저희 남편은 이제 다음 벚꽃은 보지 못하는 걸까요?”

제가 어떻게 압니까, 나는 속으로 반문한다. 다음 벚꽃을 볼 수 있다, 없다 장담할 수 있는 사람은 이 세상에 단 한 명도 없기 때문이다. 그런데 이 책을 읽고 있는 당신은 그런 생각으로 벚꽃을 본 적이 있는가? 오늘 밤 이 벚꽃이 나의 마지막 벚꽃일지도 모른다는 생각으로 바라본 적이.

벚꽃 정도 가지고 뭘 그리 호들갑이냐며 웃을지도 모르겠다. 하지만 벌써 20년이 지난 한신 아와지 대지진(1995년

고베시와 한신 지역에서 발생한 일본 지진 관측 사상 최대 규모의 지진. 6300여 명이 사망하고 1400억 달러의 피해를 냈다. —옮긴이)으로 사망한 사람들, 몇 년 전 발생한 동일본 대지진으로 사망한 사람들도 마음속으로는 다음 벚꽃을 기다렸을 것이다. 재해나 사고로 사망한 사람들만 그런 것은 아니다. 나는 재택환자를 진료하는 의사로서 수많은 젊은 환자들도 진료하고 있다. 이 책에서 다룰 브리타니 메이나드처럼 뇌종양이나 암으로 인해 어느 날 갑자기 인생의 종착역이 눈앞에 다가왔다는 사실에 망연자실하는 사람도 많다.

나만, 왜 나만 이런 일을 겪는 겁니까!

한탄하는 사람도 있다. 하지만 그것은 올바른 생각이 아니다.

사람은 누구나 죽는다.

그런데 이런 당연한 사실을 의학과 미디어, 종교는 정면으로 마주하고 있는가?

의학의 눈부신 발달로 다양한 연명 치료가 가능해질수록 '죽음'은 곧 패배라는 인식이 확산되어 왔다.

내가 '존엄사'라는 말을 처음 접한 것은 의과대 5학년 때였다. 입학 당시에는 '안락사'라는 말밖에 없었다. 스물넷 가을에는 '안락사와 존엄사'라는 연구모임을 주재했다. 그로부터 30년 남짓한 세월이 지나 나는 의사가 되었고 개업의로서 많은 사람의 임종을 접하면서 많은 깨달음을 얻었다. 그것은 평온한 죽음이 있다는 발견이었다. 이시토비 고조石飛幸三 선생의 저서《우리는 어떻게 죽음을 맞이해야 하나》를 읽고 깨달은 바가 있어 재택 환자를 진료하는 의사의 관점에서 본 '평온사平穩死'에 관한 책을 몇 권 쓰기도 했다.

그런데 '존엄사' '안락사' '평온사'의 차이를 아는 사람이 대체 얼마나 될까? 말장난을 하려는 생각은 추호도 없지만, 이러한 단순한 질문에 대략이라도 대답했던 수련의는 내가 아는 한, 아직까지 한 명도 없었다. 대부분의 의사가 모르니 일반인에게 제대로 설명해줄 수 있는 사람 또한 없다. 재택 의료에 관심이 있다면 내 책을 읽으라고 수련의들에게 뼈 있는 농담을 던져도 '책과 친하지 않아서...'라며 배우려는 마음 자체가 없다.

이 중요한 명제를 더 널리 알리고자 하는 노력을 거의 포기하려던 차에 날아든 뉴스가 있었다. 2014년 가을, 미국에 거주하는 29세 여성인 브리타니 메이나드가 안락사를 실행한 사연에 대한 보도였다. 무엇보다 의외였던 것은 많은 일본 젊은이들이 이 뉴스에 반응했다는 점이었다. 일반적으로 죽음은 노인들의 관심사이고, 젊은이들은 관심이 없을 거라는 고정관념이 완전히 뒤바뀌었다. '응답자의 90%가 존엄사에 찬성, 70%가 안락사에 찬성'이라는 한 주간지의 조사 결과는 놀라웠다. '일본에서는 안락사가 살인죄이며 존엄사 관련법조차 부재'라는 실태를 모르는 젊은이들이 자유로운 감성과 직관으로 안락사에 강한 반응을 보인 것이다.

29세 여성의 안락사 보도는 많은 사람들로 하여금 지금까지 금기시되어 온 '죽음'에 대해 생각해보는 계기를 마련해 주었다. 그리고 다수의 언론이 '존엄사'와 '안락사'를 분간 없이 사용한 것 또한 '존엄사'와 '안락사'의 차이를 생각하는 계기가 되었다고 본다.

죽음에 관해 이야기하는 것이 얼마나 의미가 있을까?

더구나 죽음에 '존엄' '안락' '평온' 같은 형용사를 붙이는 게 어떤 의미가 있는지, 나는 늘 궁금했다. 이렇게 '죽음'에 관한 책을 쓰고 있으면서도 말이다. 아니, 계속 책을 써왔기에 이 의문은 더 풀리지 않았을 것이다.

하지만 '죽음'에 관해 몇몇 젊은이와 직접 대화를 나누는 기회를 통해 내 예상이 완전히 잘못되었음을 깨달았다. '죽음'에 대한 젊은이들의 생각은 그야말로 자유로웠다! 삶을 대하는 각자의 방식이 있듯이 죽음을 맞는 방식 또한 저마다 다르다. 그렇기에 죽음을 존엄, 안락, 평온이라는 이전과는 다른 관점으로 논해보는 것은 분명히 의미 있는 일이라는 생각이 들었다.

이 책은 '죽음'을 주제로 이야기를 나눈 내 수업의 기록이다.

우리는 체면이나 자신이 처한 상황 등을 배제하고 약 세 시간에 걸쳐 죽음의 방법에 관해 이야기했다. 학회나 국회에서는 결코 나오지 않을, 삶과 죽음에 관한 젊은이들의 생각이 도출된 시간이었다. 이 책에는 현대 일본인의 사생관, 그리고 희망과 절망이 응축되어 있다.

당신은 세 시간이나 '죽음'에 대해 누군가와 이야기를 나누어 본 적이 있는가? 혹은 주변에 그런 대화를 할 상대가 있는가? 아마 대답은 '아니요'일 것이다. 연인 혹은 가족이기에 오히려 진심을 말할 수 없는 경우가 있다. 그렇다면 이 책을 읽으면서 당신도 한 명의 참가자가 되어 수업에 참여해 보기를 바란다. 읽는 동안 분명 깨닫게 될 것이다. '나는 어떻게 죽고 싶은가?'를 생각하는 것은 '나는 어떻게 살고 싶은가?'를 생각하는 것이라는 사실을…

벚꽃 이야기가 나온 김에 승려 신란의 시 한 편을 소개하고자 한다.

내일도 볼 수 있겠지, 활짝 핀 저 벚꽃
한밤중 폭풍우에 사라질지도 모를, 덧없는 벚꽃

이 시를 지었을 때 신란은 겨우 아홉 살이었다. 득도하기 전날 지었다고도 전해진다. 시의 의미는 대략 이러하다. '흐드러지게 핀 벚꽃을 내일도 봐야겠다고 생각하지만, 간밤의 폭풍우로 꽃이 모두 지는 경우도 있다. 이런 벚꽃의 운명처럼 내일도 살아 있을지 어떨지는 그 누구도 알 수 없다.'

신란은 1173년에 태어났다. 그의 어린 시절은 전쟁으로 인한 쿠데타와 테러가 횡행하여 인심이 황폐한 데다 대지진과 태풍으로 기근도 여러 차례 있었다. 신란이 다섯 살이었을 때, 그가 살던 교토에도 대기근이 발생해 교토에서만 희생자가 4만 명에 달했다는 기록이 남아 있다. 교토는 곳곳이 시체로 넘쳐나고 악취가 진동했다고 한다. 바로 눈앞에서 죽음을 겪었던 유소년기. 그 어떤 희망도 발견할 수 없는, 그야말로 말세에서 신란은 출가를 결심하고 이 시를 지은 것이다.

하지만 나는 다른 의미로도 해석해 본다.

'어떻게 될지 알 수 없는 내일. 그러니 오늘 최선을 다해 살아 보지 않겠는가.'

만약 이 책을 읽은 당신이 이렇게 생각해 준다면 더할 나위 없이 기쁘겠다.

마지막으로 이해하기 쉬운 형태의 책으로 엮어 주신 출판사와 편집자 여러분께 깊은 감사의 인사를 전한다. 그리고 '죽음'이라는 주제에 마음을 열고 솔직한 토론을 해 준 젊은 이들과 이런 토론의 기회를 제공해 준 천국의 브리타니에게도 감사의 마음을 전한다.

2015년 대한과 입춘 사이에

나가오 가즈히로

1장

안락사 보도를 보고 어떤 생각을 했는가?

브리타니 메이나드 안락사 보도

뇌종양 말기 판정을 받고 6개월 시한부 인생을 선고 받은 미국 여성, 브리타니 메이나드Brittany Maynard(당시 29세)는 합법적으로 안락사가 허용되는 미 서부의 오리건 주로 이주해 "11월 1일에 안락사를 실행하겠다"는 내용을 유튜브를 통해 예고했다(2015년 10월 6일). 이후 "그녀는 죽음을 선택할 권리가 있다"거나 "자살을 미화하는 것에 불과하다"는 등 소셜미디어에서는 젊은이들을 중심으로 찬반양론이 격화되었다. 10월 14일에는 주요 매체인 CNN닷컴에 브리타니가 쓴 칼럼 〈My right to death with dignity at 29〉이 실렸고, 이는 미국 전역에서 존엄하게 죽을 권리를 둘러싼 논쟁을 불러일으켰다.

"나한테는 11월 1일이 '그날'이라고 생각합니다. 만약 그때까지 살아있다면 말이죠. 하지만 나의 생각이, 결심이 바뀐다면 나는 11월 2일에 살아있을 수도 있고, 아니면 그날 나는 없을지도 모릅니다… 어떻게 되든 그건 나의 선택입니다. 나의 이런 선택에 반대하는 분들은 내가 '직접 죽을 날을 정했다'고 큰 오해를 하고 있는 겁니다. 그게 아니라 나는 '살아있을 날'

을 정하려는 겁니다."

"'죽음'에 대한 결단은 11월 2일 이후에 할지도 모릅니다."

이후 CBS 인터뷰나 안락사를 추진하는 민간단체 홈페이지에 게재된 동영상에 나타난 '투병 끝의 결단'과 '죽고 싶지 않다'라는 흔들리는 그녀의 심정에 미국 전역, 그리고 전 세계의 관심이 쏠렸다.

"이제 안녕, 친애하는 모든 친구들과 사랑하는 가족이여. 오늘 나는 안락사를 선택합니다. 이 무서운 말기 뇌종양은 내게서 많은 것을 앗아갔습니다. 이대로 두면 더 많은 것을 빼앗길 테지요. 이 세상은 아름답습니다. 여행은 내게 가장 위대한 스승이었습니다. 가까운 친구와 동료들은 가장 든든한 지원자였습니다. 이렇게 메시지를 쓰고 있는 동안에도 내 침대 옆에서 응원해주고 있어요. 안녕, 세상이여. 좋은 에너지를 퍼뜨려주세요. 받은 것을 베풀어요."

브리타니는 페이스북에 마지막 글을 올리고 예고한 대로 안락사를 실행했다. 미국 언론들은 이튿날인 2일 브리타니가 의사에게 저방 받은 약을 자택에서 복용하고 11월 1일에 사망했다고 보도했다. 일본에서는 3일, NHK 〈뉴스7〉의 톱뉴스를 시작으로 주요 뉴스 프로그램에서 이 소식을 전했고, 4일에는 각 신문에도 실렸다.

나가오 이번 보도에서 두드러진 점은 젊은이들의 반응을 여실히 알게 되었다는 사실입니다. 페이스북이나 트위터에 10대나 20대들이 "브리타니, 죽으면 안 돼요"라든가 "나도 안락사하고 싶다"와 같은 다양한 의견을 직접적으로 표현했습니다. 요즘의 뉴스 채널은 이렇게 인터넷상에서 화제가 된 키워드를 따라가는 경향이 있어요. 뉴스보다 소셜미디어상의 가감없는 목소리가 매체를 앞지르는 경우가 있죠. 이번 보도가 바로 그 전형적인 예라고 생각합니다. 인터넷상의 다수의 목소리를 매체가 무시하지 못하고 오히려 따라가는 형태로, 신문이나 텔레비전이 브리타니 사건을 깊이 있게 다뤘습니다.

정말 획기적인 일이에요. 하지만 기본적으로는 신문은 물론 텔레비전이란 것은 '죽음'을 주제로 한 보도를 좋아하지 않아요. 왜 그렇다고 생각하나요?

A 그 보도의 영향으로 죽는 사람이 생기면 곤란해서 그런가요?

나가오 그래요, 그것도 이유입니다. 특히 젊은 사람의 자살 보도와 관련해서는 떠들썩하게 방송을 내보내 시청자가 모방 자살이라도 하면 곤란하다는 생각이 있어요. 벌써 20여년 전의 일이지만 당시 최고의 인기를 누리던 오카다 유키코(당시 18세)라는 아이돌 소녀가 소속사 건물 옥상에서 투신자살을 했어요. 각 방송사와 주간지들은 연일 자살의 진상을 파헤치기 위한 기사를 내보냈지요. 그 결과 그녀가 죽은 1986년 4월 한 달간 20세 미만 자살자는 115명이나 되었고, 이후에도 어떤 남자 고등학생이 "유키코의 곁으로 가겠다"는 유서를 남기고 역 건물 옥상에서 투신하는 등 젊은이들의 모방 자살이 속출하는 안타까운 현상이 일어났습니다. 자살 보도가 신중해야 한다는 분위기는 어쩌면 이 사건이 계기가 되었을지도 몰라요. 하지만 이 밖에도 언론이 죽음에 관한 보도를 꺼리는 이유가 있습니다. B는 어떻게 생각하나요?

B … 음, 별로 보고 싶지 않아요.

나가오 뭘 보고 싶지 않죠?

B … 그런, 슬픈 뉴스요.

나가오 그러니까 B는 죽음과 관련한 뉴스는 슬프다고 생각하는군요?

B 슬프기도 하고 우울해져요. 죄송합니다.

나가오 그렇군요. B는 마음이 여린 사람일 거예요. 그리고 지금 B가 한 말은 일본의 국민적 감정을 대변하기도 합니다. 일본의 언론이 가능한 한 '죽음'을 다루려 하지 않는 이유. 그건 시청자들로부터 텔레비전이 죽음을 다루는 건 죽은 이에 대해 예의가 없는 처사라고 항의 받는 게 두려운 겁니다. 일본 사람들은 원래 죽음을 큰 소리로 말하려 하지 않아요. 언급하는 것 자체를 '불경하다'고 여기는 경향이 있습니다.

불경하다

나가오 이 말의 의미를 정확히 아는 사람 있나요?

C … 잘 모르겠어요.

나가오 일상에서 흔히 쓰는 말이 아니라서 그런가요. 사전에는 '경의를 표해야 할 자리에서 무례하다'고 나와 있어요. 즉 죽음을 공공연하게 말하는 건 조심성이 없고 진지하지 않다고 여기는 것 같아요.

B 어째서 죽음을 말하는 게 진지하지 않은가요? 사람은 모두 죽잖아요?

나가오 고마워요. 나도 B와 같은 생각이에요. 죽음을 드러내놓고 얘기하는 게 진지하지 않다? 뭔가 이상하지 않나요? 꽁꽁 감추는 게 오히려 문제를 유발하지 않을까? 이런 생각을 하게 되면서 나는 지난 몇 년 동안 죽음에 관한 책을 여러 권 썼어요.

그런데 말이죠, 죽음에 관한 나의 첫 책을《평온한 죽음: 마지막까지 인간다운 존엄함을 잃지 않는 품격 있는 죽음을 위하여》라는 제목으로 출간했을 때, 당시 여든넷이던 제 모친이 역정을 내더군요. "얘야, 너는 의사면서 어떻게 죽음에 관한 책을 쓸 수 있니? 의사라면 건강하게 오래 살기 위한 책을 써야지."라고 말이죠. (웃음)

죽음에 대해 말하는 것은 불경하다?

C 그러니까 의사가 죽음에 관한 책을 쓰는 것도 불경하다는 건가요?

나가오 아무래도 그런 것 같아요. 하지만 이상하지 않나요? 나는 개인병원의 원장이고 재택 환자를 돌보는 의사이기도 하기 때문에 매일 임종을 앞둔 환자들을 대하고 있어요. 암에 걸린 사람, 치매에 걸린 사람, 어떤 때는 죽음을 앞둔 어린 환자도 돌보죠. 동네 의사가 된 후 20여 년 동안 정말 다양한 임종을 봐왔습니다. 그렇기 때문에 죽음에 대해 쓰고 싶은 게 정말 많은데 나를 낳아준 어머니마저도 이해를 못합니다. 하물며 텔레비전은 말할 필요도 없죠. 하지만 내가 지난 수년 동안 지속해서 주장해 온 덕에 방송국 분위기도 조금은 바뀐 것 같은 자부심도 느껴요. 왜 그런가 하면 《평온한 죽음》을 출간한 2012년 무렵에는 방송국 PD에게 이런 말을 들었거든요. "임종기 의료와 죽음의 문제는 정말 중요하기 때문에 방송에서 다루면 좋을 것 같아요. 그런데 제가 담당하는 프로그램이 아침방송이라 어렵겠습니다. 아침부터 죽음에 대해 얘기하는 건 좀 그래서요." 즉 아침부터 하기에는 재수없는 얘기라는 거죠.

아침에 죽음에 대해 말하는 것은 특히 더 불경하다?

나가오 그렇다고 이런 일본인들의 미의식을 부정하는 건 아닙니다. 물론 나 역시 어떨 때는 '재수가 없다'고 느끼는 경우가 있고 '분위기 파악'을 중요하게 생각하는 일본인 특유의 섬세함이 싫은 건 아니에요. 업무상 외국에 가면 일본인들의 섬세함이 금방 그리워지기도 합니다. 일본이 좋은 나라라는 걸 외국에 갈 때마다 느껴요. 의료 분야도 마찬가지입니다. 일본의 의료는 문제라고 주장하는 언론도 많지만 일본의 의료 제도는 세계적으로도 몇 손가락 안에 들 정도로 우수해요. 이렇게 좋은 나라지만 언론이 지나치게 '분위기'를 의식해 정면에서 다뤄야 할 주제에 대해 '불경하다는 항의가 무섭다'는 이유로 보도하지 않는 것. 이건 '미덕'이 아닙니다. '위축'이죠. 이 문제는 생각해 볼 필요가 있어요. 더 불경한 주제는 다루면서, 이건 말도 안 된다고 생각합니다.

그리고 민영 방송 프로그램은, 당연한 얘기지만 국영 방송과는 달리 국민한테 수신료를 받지 않잖아요. 기본적으로 광고 수익으로 운영되는 만큼 후원사의 마음에 들지 않는 프로그램을 만들어 그들의 눈 밖에 나는 게 두려운 겁니다. 실제로 눈 밖에 나지 않는나 해도 제작 선부터 어느 정도는 위축되어 있어요. 예를 들어 내가 《할매할배, 요양원 잘못가면 치매가 더 심해져요》(2013)라는 책을 냈을 때도 어떤 민영 방송 관계자가 이렇게 말하더군요. "요양 시설의 문제점을 지적한 훌륭한 책이지만 우리는 양로 시설을 운영하는 기업의 후원을 받기 때문에 이 책을 소개할 수 없습니다." 프로그램 제작자는 후원사에 의견을 물어보기도 전에 난처해질 것 같다는 느낌만으로 소개를 포기합니다.

A 그건 좀 심하다고 생각해요. 도쿄전력과 관계된 프로그램만 그런 게 아니군요. (방송사가 도쿄전력의 원자력발전소 사고 은폐, 방사성 폐기물 불법 투기 등을 제대로 다루지 않은 것을 비꼰 것이다. — 옮긴이)

나가오 아니에요. 어떤 프로그램이든 그런 측면이 적지 않게 있어요. 예를 들어 담배 문제도 그래요. 담배라는 건, 암이나 치매, 그 밖에 온갖 질병 위험을 몇 배로 끌어올립니다. 빨리 죽고 싶으면 담배를 피우면 돼요. 어떻게 보면 마약보다 더 몸에 해롭다고 할 수 있죠. 담배가 이 세상에서 사라지면 건강 수명은 훨씬 길어지고 의료비도 눈에 띄게 줄어들 거예요. 나는 금연에 관한 책을 썼을 정도로 금연 운동에 적극적인데 텔레비전은 금연 홍보에 그다지 적극적이지 않아요. 그건 바로 일본담배산업주식회사JT가 거대 기업이기 때문입니다. 이처럼 스폰서의 눈치를 살피느라 보도해야 할 이슈가 있어도 보도할 수 없다고 합니다. 슬프지만 이게 일본의 현실이에요. 텔레비전뿐만 아니라 신문도 다르지 않고요.

얘기가 옆길로 샜군요. 음, 평온사 얘기를 하고 있었죠. 아까 말했다시피 2012년에는 오전 프로그램에서는 방송되지 못했는데, 2013년 여름에 후지텔레비전의 아침 간판 프로그램인 〈특종!〉이 저를 취재했고 당당히 '평온사'에 대한 방송을 내보내 주었습니다. 오전 9시대 프로그램이었죠. 정말 기뻤어요. 시작은 미약했지만 동네 의사라도 포기하지 않고 계속 주장하니 이렇게 언론이 바뀌기도 한다는 걸 실감했습니다.

C 그때는 시청자들한테 '불경하다'는 불만은 없었다는 얘기인가요?

나가오 적어도 방송국 관계자를 통해 그런 불만이 있었다는 얘기는 듣지 못했어요. 격려의 메시지는 많이 받았습니다.

자, 일본 언론의 분위기는 이렇다는 걸 바탕으로 이제 브리타니의 안락사 보도에 대해 생각해볼까요? 나는 임종시나 죽음에 관한 책을 많이 썼고 뒤에서 다시 말하겠지만 '일본 존엄사협회'라는 곳의 부이사장직을 맡고 있기도 해서 브리타니 사건에 대해 많은 취재 의뢰를 받았어요. 유감스럽게도 기자가 제대로 이해하지 못하고 의욕만으로 써 내려간, 엉뚱한 기사도 많았지만요.

그중에서 간결하면서도 상당히 쉽게 정리되었다고 생각되는 잡지 〈주간문춘〉(2014년 11월 20일자)의 기사를 여러분과 같이 읽어보도록 하겠습니다.

"사랑하는 가족, 친구여, 안녕 세상은 아름다웠습니다"

미국인 여성 브리타니 메이나드(향년 29세)는 페이스북에 이런 글을 남기고 11월 1일(현지 시간), 의사에게 처방 받은 약을 먹고 스스로 목숨을 끊었다.

브리타니는 지난 4월 뇌종양 말기로 인한 6개월 시한부 인생을 선고 받았다. 이후 자신의 거주지인 캘리포니아 주를 떠나 의사의 '자살 방조'에 의한 '안락사'가 법적으로 허용되는 오리건 주로 이주했다. '안락사'는 세계적으로도 오리건 주 등 미국의 5개 주와 네덜란드, 스위스 등 유럽 일부 나라에서만 허용되고 있다.
한편 일본에서는 '안락사'는 허용되지 않는다. 다만 임종기에 '존엄사'를 선택할 것인가의 여부가 초점이 되고 있다. 아마가사키시에서 개인 병원을 운영하며 일본존엄사협회의 부이사장직을 맡고 있는 나가오 가즈히로 씨는 이 둘의 차이를 이렇게 설명한다.
"일부 언론에서는 브리타니의 죽음을 영어 'Death With Dignity'를 직역하여 '존엄사'라고 보도했습니다. 하지만 이는 의사의 자살 방조이며 일본에서는 안락사라고 부릅니다. 한편, 일본에서 말하는 '존엄사'는 환자의 뜻에 따라, 예를 들면 말기 암 같은 경우에 연명 치료를 하지 않거나 중단함으로써 자연사를 기다리는 것을 의미합니다. 자연스러운 경과에 맡긴 채 마지막을 기다리는가 아닌가가 이 둘의 차이라고 할 수 있습니다."
현재 일본 대부분의 병원과 시설에서는 '존엄사'가 이루어지고 있다. 단, 법률로 명문화되어 있지 않기 때문에 일본존엄사협회나 공증사무소 같은 곳에서 〈존엄사 선언서〉를 만들어 미리 자신의 뜻을 명확히 밝혀 두는 사람도 있다.
따라서 본지는 이메일 매거진 독자를 대상으로 '당신은 안락사나 존엄사에 찬성하는가, 반대하는가?'를 주제로 설문조사를 실시하여 다음 4개 항목 가운데 하나를 고르고 그 이유를 답하도록 했다.

① '안락사'와 '존엄사' 모두 찬성
② '안락사'는 반대, '존엄사'는 찬성
③ '안락사'는 찬성, '존엄사'는 반대
④ '안락사'와 '존엄사' 모두 반대

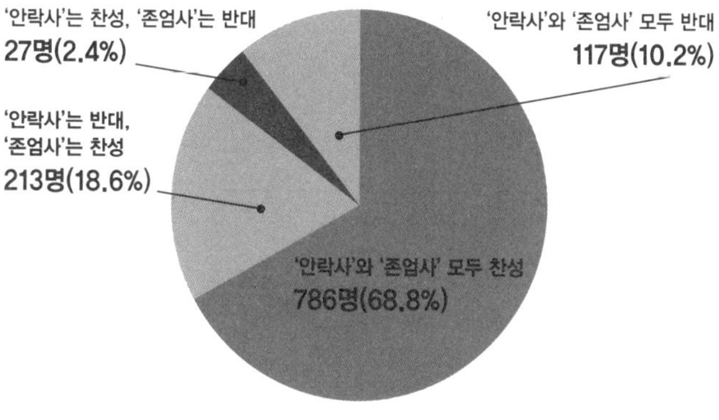

〈주간문춘〉 2014년 11월 20일자 중에서

1143명의 회신을 받았는데 가장 많은 의견은 전체 의견 중 68.8%를 차지한 ① '안락사'와 '존엄사' 모두 찬성이었다. 선택 이유로는 가까운 사람의 죽음을 경험하면서 '인간답게 산다'는 것에 대해 생각했기 때문이라는 답이 많았다.

그다음은 18.6%로 ② '안락사'는 반대, '존엄사'는 찬성이었다. 이렇게 답한 사람 중에서는 실제로 가까운 사람들이 '존엄사'를 통해 편안한 죽음을 맞이했기 때문이라는 이유가 두드러졌다. 한편 스스로 임종을 앞당기는 '안락사'에 대해서는 위화감이 든다는 의견이 대표적이다.

④ '안락사'와 '존엄사' 모두 반대는 10.2%였다. 이유는 "이름만 다를 뿐 결국은 자살이나 의사에 의한 살인이라고 생각한다"(42세, 남)와 같은 근본적인 의견도 있었지만 "시한부 선고를 믿을 수 없다"는 의견이 많았다. "선고된 시한보다 오래 사는 사람이 많다. 목숨이 붙어 있는 한 살아야 한다고 생각한다."(35세, 여)는 의견과 "가족이니까 조금이라도 더 오래 살았으면 좋겠다"는 바람도 많았다.

이번 조사 결과 ① '안락사'와 '존엄사' 모두 찬성과 ② '안락사'는 반대, '존엄사'는 찬성을 합하면 '존엄사' 지지율은 무려 87.4%나 된다. 다만, 실제로 '존엄사'를 하려 해도 뜻대로 되지 않는 경우가 적지 않다고 한다. 이에 대해 나가오 씨는 이렇게 말한다.

"'존엄사'를 할 수 있느냐 없느냐는 가족과의 관계에 달려 있다. 부모에 대한 효도 문화가 있는 일본에서는 자신은 연명 치료를 원치 않으면서 가족은 연명 치료 하기를 바라는 사람이 많다. 만약 '존엄사' 하기를 바란다면 건강할 때 가족과 상의하여 자신의 뜻을 문서로 남겨놓아야 한다."

죽음은 누구에게나 찾아온다. 신중히 생각해서 다가올 앞날을 맞이하자.

<u>**나가오**</u> 그럼, 이 기사 내용을 바탕으로 여러분에게 질문을 하겠습니다. 죽음과 관련해 '정답' 같은 건 없어요. 그러니까 여러분 각자의 생각을 말해 주면 좋겠어요. D는 지금 몇 살인가요? 여성 분에게 결례되는 질문을 해서 미안합니다.

D 올해 스물여덟이고 회사원입니다. 아직 독신이고 지금 도쿄에서 혼자 살고 있어요.

<u>**나가오**</u> D는 지금까지 누군가의 죽음을 직접 목격한 적이 있나요?

D 음… 이모요. 장례식장에서요.

나가오 장례식장이라, 그러니까 죽는 순간이 아니라 이미 돌아가신 이모님을 봤다는 얘기죠?

D 네, 돌아가신 다음에요. 임종은 지키지 못했어요. 그러니까 누군가가 죽는 순간이나 임종을 앞둔 사람을 본 적은 없습니다.

나가오 지금의 20대들은 아마 죽음을 접하는 기회가 이 정도일 거예요. 예전에는 집에서 임종을 맞고, 평소에 덮고 자던 이불에 시신을 모셨다가 온 가족이 함께 장의사가 가져온 관으로 옮겼죠.

밤샘 의식도 장례식도 집에서 치르는 게 당연했어요. 사람의 죽음은 우리 일상 속에 있었습니다. 하지만 지금은 그런 광경을 거의 볼 수 없어요. 특히 도시에서는 죽음과 관련된 일련의 의식을 장례회사가 대행하거나 화장터에서 치르니까요. 병원에서 죽은 다음 집으로 돌아오지 못하고 그대로 화장장으로 직행하는 경우도 이젠 흔하죠. 이렇게 되면 될수록 우리 주변에서는 죽음을 볼 수 없게 됩니다.

역사적으로 보면 아주 옛날에는 죽음이 아주 가까운 곳에 있었어요. 예를 들어 나는 승려 구카이空海, 774~835나 승려이자 시인인 신란親鸞, 1173~1263 같은 인물을 좋아하는데, 그 시대에는 사람이 죽으면 시체를 강가에 그냥 방치했어요. 스님들은 강가의 시체 더미 앞에서 염불을 했지요. 시체는 시간과 함께 썩어 강으로 흘러 들어가는 게 당연한 모습이었습니다. 그러니까 당시에는 사람이 죽으면 어떻게 형태가 바뀌어 가는지 어린아이도 알았던 거예요.

자, 그럼 D한테 묻겠습니다. 스물여덟 살이면 안락사를 선택한 브리타니와 거의 비슷한 나이인데 또래 여성으로서 이 기사를 읽고 어떤 느낌을 받았나요?

D 브리타니 사건은 몇몇 뉴스 프로그램을 통해 알고는 있었는데, 그냥 미국 얘기려니 싶었다고나 할까, 특별히 감상이라 할 만한 건 없었던 것 같아요. 오늘 이 자리에서 처음으로 진지하게 생각해 볼 기회를 갖는 건지도 모릅니다. 나가오 선생님 말처럼 내 또래였구나… 그런데 불행히 죽을 수도 있구나 하는 두려운 생각이 맨 먼저 들어요. 브리타니는 두렵지 않았을까 싶고.

죽음은 두렵다

나가오 솔직한 느낌 고마워요. 죽는다는 건 확실히 두렵죠.

D 선생님도 죽는 게 두려운가요?

나가오 당연히 두렵죠. 환자는 2000명 정도를 하늘로 떠나 보냈지만, 내가 죽어본 적은 없으니까요. 그러고 보면 죽음은 언제나 남의 일이군요.

D 그런가요. 선생님은 의사이고 수많은 죽음을 봐왔는데도 그렇군요. 그래도 죽음은 두렵군요.

나가오 당연하죠. 죽음은 두려워요. 정도의 차이는 있겠지만 죽음이 전혀 두렵지 않은 사람이 과연 있을까요? 어쩌면 득도한 종교인들은 예외일지도 모르지만, 살아있는 모든 것은 본능적으로 죽는 게 두렵지 않을까요?

즉 이렇게 생각할 수도 있어요. 살아있는 것에게 죽음은 언제나 공포이므로 살아있을 수 있는 거라고 말이죠. 만약 본능적으로 죽음이 즐겁거나 멋진 일이라고 느낀다면, 세상이 힘들 때 인간은 바로 죽고 싶어지지 않을까요. 아마 살아있는 게 싫어질지도 모릅니다. 온갖 살아있는 것들은 본능적으로 죽음을 느낄지도 모르지만 '죽음'을 지식으로 아는 것은 인간뿐이에요. 그래서 인간은 죽음이 두려운 겁니다. 살아있는 그 어떤 것들보다 더 심한 공포를 느끼죠.

죽음은 항상 미지의 세계다
인간은 미지의 세계에 대해 공포를 느낀다
공포스러운 곳에 가는 것은 싫다
그래서 생각하기 싫다

나가오 그래도 나는 여기 있는 젊은 여러분보다 죽음이 무섭지 않을 겁니다. 그건 나이를 먹은 만큼 여러분보다 더 죽음과 가까운 곳에서 살고 있기 때문이죠. 내가 여러분보다 죽음을 더 가까이 느끼는 것은 사실입니다. 하지만 D, 당신과 동년배인 브리타니는 이제는 자기 병이 낫지 않는다는 것, 죽음과 마주할 수밖에 없다는 걸 알고 스스로 안락사라는 선택을 했습니다. 이에 대해 분석한 이 〈주간문춘〉 기사를 읽고 어떤 생각이 들었나요?

D 음, 이런 종류의 기사는 몇 퍼센트의 사람이 찬성 또는 반대인지 설문조사를 해서 발표하고 싶어하는데, 그런 상관 없는 사람들이야 어떻든 가족과 본인이 하고 싶은 대로 하면 되는 거 아닐까요? 브리타니의 경우도 본인과 남편이 결정한 부분에 대해 주위에서 더 이상 이러쿵저러쿵 말할 권리는 없는 것 같아요.

죽음의 방법을 선택하는 건 본인과 가족간의 문제?

나가오 그렇군요. 어떤 죽음의 방법을 선택했든 그에 대해 타인들이 이렇다 저렇다 말하는 건 이해가 되지 않는다는 얘기군요. 쓸데없는 참견이 아닐까 하는. 이 밖에 이 기사에 대해 의견 있는 사람? E는 어떻게 생각하나요?

E 저는 서른넷이고 결혼도 했고 아이도 있습니다. 이 기사를 읽고 느낀 점은 우선 '존엄사'라는 단어 자체가 친근하지 않다고 할까, 잘 모르겠다는 거예요. 한편 '안락사'라는 단어는 예전부터 있었던 것 같습니다. 예를 들어 보건소에 끌려간 개는 주사를 맞고 안락사를 당한다거나, 이런 말을 어렸

을 적부터 들었던 것 같아요.

이 기사를 읽어도 저는 '존엄사'와 '안락사'의 차이를 잘 모르겠어요. 그리고 아까 나가오 선생님이 말씀하신 페이스북이나 트위터를 몇 개 읽어보니 '존엄사'나 '안락사'는 자살 혹은 살인이라고 말하는 사람까지 있어서 구분의 기준이 뭔지 정확히 모르겠습니다. 법률상의 정의인지, 인식의 차이인지조차도 이해가 되지 않습니다.

나가오 정말 훌륭한 질문이에요! 나는 지금 E가 말한 내용이 이번 수업의 핵심 주제라고 생각합니다. '존엄사'와 '안락사'. 익숙하지 않은 이 두 단어가 브리타니의 죽음을 계기로 매체에 자주 등장하는 것 같지 않나요?

'존엄사'와 '안락사'

E 저는 스물다섯입니다. 사회 경력 3년차이고요. 이번 브리타니 메이나드 뉴스는 상당히 관심을 가지고 몇몇 프로그램을 시청했어요. 가장 열심히 보도한 곳은 NHK라고 생각합니다. 하지만 분명 대부분의 보도가 존엄사와 안락사를 제대

로 구분하지 못했던 것 같아요. 자막에는 '안락사'라고 나오는데 해설자는 '존엄사'라고 한다든지요.

G 저는 다른 나라에서는 '안락사'와 '존엄사'라는 말의 구분이 없다고 들었어요.

나가오 그 얘기는 누구한테 들었나요?

G 트위터였던 것 같아요. 일본은 '안락사'와 '존엄사'라는 두 단어가 있는데 전 세계적으로 보면 그건 의미가 없다는 내용을 읽었습니다. 선생님, 일본에서 굳이 '존엄사'라는 단어를 만든 이유가 뭔가요?

나가오 사실은 맞는 얘기입니다. 외국에서는 안락사든 존엄사든 동일시하거든요. 하지만 일본에서는 어떻게 정의하는지 사전에서 찾아볼까요? 먼저 고지엔廣辭苑(일본의 대표적 큰국어사전. 참고를 위해 한국 표준국어대사전의 정의도 함께 두었다. —옮긴이)부터 살펴보죠. '안락사'가 뭐라고 나와 있나 봅시다.

【안락사】(安樂死)
가망이 없는 환자를 본인의 희망에 따라, 고통이 적은 방법으로 인위적으로 죽게 하는 일.

〔표준국어대사전〕 극심한 고통을 받고 있는 불치의 환자에 대하여, 본인 또는 가족의 요구에 따라 고통이 적은 방법으로 생명을 단축하는 행위. 위법성에 관한 법적 문제가 야기되는 경우가 있다.

G 인위적으로 죽게 하는 건, 살인 아닌가요?

나가오 그 부분에 대해서도 깊이 있게 토론했으면 해요. 그럼 '존엄사'라는 말을 사전에서 어떻게 다루고 있는지 다시 한번 찾아볼까요?

【존엄사】(尊嚴死)
하나의 인격으로서의 존엄을 유지하며 죽음을 맞는 일, 혹은 맞도록 하는 일. 현대 의학의 연명 기술 등이 죽음에 임하는 사람의 인간성을 무시할 수 있다는 데 대한 반성으로 인식되기 시작했다.

〔표준국어대사전〕 인간으로서 지녀야 할 최소한의 품위를 지키면서 죽을 수 있게 하는 행위. 또는 그런 견해. 의사는 환자의 동의 없이 원칙적으로 치료 행위를 할 수 없다는 것으로, 소극적 안락사라고도 한다. 카렌 앤 퀸란의 치료 중단을 요구한 부모의 주장을 인정한 재판에서 생겨난 말이다.

자, 다른 사전에서도 '안락사'와 '존엄사'를 찾아볼까요?

【안락사】

〔**산세이도 국어사전**〕 극심한 고통에 시달리며 회복 가능성이 없는 환자를 본인의 희망에 따라 편안히 죽게 하는 일. 안사술. Euthanasie(프). Euthanasie(독).

〔**신메이카이 국어사전**〕 식물인간 상태가 되기 전 환자의 의사에 따라 환자의 생명 유지 장치를 제거하거나 극심한 고통에 시달리는 환자에게 극약을 투여하는 등의 방법으로 환자가 죽는 일. 일반적으로 전자를 '존엄사', 후자를 협의의 안락사로 구분하지만 후자의 경우는 아직 모두 합법으로 인정받는 건 아니다.

〔**다이지린**〕 회복 가능성이 없는 환자를 고통에서 해방시킬 목적으로 연명을 위한 처치를 중지하거나 죽음을 앞당기는 조치를 하는 일. 또한 그 죽음. 안사술. Euthanasie(독).

【존엄사】

〔**산세이도 국어사전**〕 더 이상 회복 가능성이 없는 환자에 대해 본인의 의사에 기초해 무의미한 연명 조치를 하지 않고 고통을 멈추는 치료를 하면서 인간으로서의 존엄을 유지하며 평온한 죽음을 맞도록 하는 일. 또는 그 죽음.

〔**신메이카이 국어사전**〕 인간으로서 자기 의지로 죽음을 맞이하는 일. 현재의 의료 기술로는 회복 불가능하여 죽음을 맞을 수 밖에 없는 말기 암 등의 경우, 연명을 위한 치료 행위를 거부하고 자신의 의지로 죽음을 맞도록 하는 개념. 리빙 윌.

〔**다이지린**〕 회복 가능성이 전혀 없는 상태로 장기간에 걸쳐 식물 상태가 계속되거나 극심한 고통에 시달리는 환자에 대해 생명 유지 장치 등에 의한 인위적인 연명을 중지하고 인간으로서의 존엄을 유지한 상태로 죽음을 맞도록 하는 일.

브리타니가 안락사 하기 위해 일부러 이사를 간 곳은 미국의 오리건 주라는 곳입니다. 여러분도 알다시피 미국이라는 나라는 주마다 조금씩 법률이 다르죠. 특히 미국 연방정부는 죽음에 관한 법률을 국가가 주도하려 하지 않는 경향이 있어요. 때문에 주에 따라 안락사에 대한 법률이 있기도 하고 없기도 합니다. 자, 이쯤에서 하나 더 배워볼까요? 여러분이 알았으면 하는 말이 하나 있어요. 미안하게도 점점 복잡해지네요. 방금 사전에서 안락사와 존엄사의 차이를 찾아 설명했는데 사실은 안락사도 크게 두 가지로 나눌 수 있습니다.

안락사의 두 가지 방법

1. 의사가 안락사를 희망하는 환자에게 주사 등의 방법으로 직접 약을 주입하여 사망에 이르게 하는 방법.
2. 안락사를 희망하는 환자에게 언제든 죽을 수 있도록 약을 처방하는 방법. 즉 죽음의 순간에 의사는 부재일 수 있다. PAS(의사조력자살)라고도 한다.

즉 브리타니는 2번 방법으로 사망한 것입니다. 자, 그렇다면 이 두 방법의 차이에서 뭔가 느껴지는 게 있나요?

E 의사가 직접 주사하는 방법 1이 더 살인에 가까운 것 같아요.

나가오 내 생각도 그래요. 하지만 살인에 가깝다고 해도 그 대전제로서 환자 본인의 '자기 결정'이 있다는 점, 그리고 환자의 상태가 불치이며 말기라는 점, 이 두 가지 조건이 갖춰진 상태에서 인정되는 게 안락사입니다.

방법 1은 환자는 수동적이고 의사의 주사에 의해 죽는다. 확실히 살인에 가깝네요. 한편 방법 2에 의한 안락사는 의사 결정권이 환자 본인에게 있습니다. 의사는 죽기 위한 약을 처방해 줄 뿐이죠. 그러니까 세상에는 그 약을 부적처럼 지니고 다니다가 결국은 복용하지 않는 사람도 있을 거라 생각합니다. 의사에 의한 간접적 자살 방조PAS, Physician Assisted Suicide라고 하는 게 정확할지도 모릅니다. 하지만 이 가치관도 사람마다 달라요. 일본에는 방법 1과 방법 2 어느 쪽이든 '엄연히 의사에 의한 살인'이라고 주장하는 사람도 많아요.

일본 형법에서 자살 방조는 범죄입니다(형법 202조). 하지만 브리타니 사건을 계기로 개중에는 과연 범죄인가 의문을 갖는 사람도 있겠죠. 나는 어떤 의견이든 부정할 생각은 없습니다. 자, 미국에서는 2014년 현재, 모든 주에서 방법 1에 의한 안락사는 위법입니다. 하지만 방법 2는 브리타니가 죽은 오리건 주를 포함해 버몬트 주, 뉴멕시코 주, 워싱턴 주, 몬태나 주가 법적으로 허용하고 있습니다.

A 그래서 브리타니가 인터넷을 통해 '언제 죽겠다'고 예고할 수 있었군요. 자신이 죽을 시간을 스스로 결정할 수 있었으니까요.

나가오 그래요. 자기 집에서 원하는 시간에 약을 복용할 수 있었던 겁니다. 이렇게 안락사에 두 가지 방법이 있다는 걸 알았네요. 자, 이제 다시 존엄사와 안락사 얘기로 돌아가 볼까요. 조금 더 복잡해집니다. 사실은 오리건 주와 워싱턴 주의 안락사법은 'Death With Dignity Act'라는 표현을 사용해요. 자, 누가 해석해 볼까요?

D (갸웃) 'Death With Dignity'는 존엄사라는 뜻 아닌가요?

나가오 맞아요. 이 말을 번역하면 '존엄한 죽음'이 됩니다.

E 그럼, 미국에서 말하는 '존엄한 죽음'이 일본에서는 '안락사'인 건가요? 의미를 모르겠어요.

나가오 그러니까 미국 사람이 보기에는 일본에서 말하는 안락사가 'Death With Dignity'. 그럼 일본에서 정의하는 존엄사는… 존엄사에 해당하는 말이 존재하지 않습니다. 하지만 굳이 표현하자면 '자연사' 정도 될까요? 이 밖에 'Euthanasia'라는 말이 있어요. 의학 전문용어라서 일상적으로는 거의 사용하지 않는다는 얘기도 들었습니다. 미국인 입장에서 보면 이 말이 방법 1에 의한 안락사를 의미하죠. 참고로 'Euthanasia'의 어원은 그리스어로 '좋은 죽음' 혹은 '행복한 죽음'을 의미합니다. 조금 복잡해졌는데 여기까지 이해가 됐나요?

E 조금 알 것 같습니다.

나가오 그렇죠? 조금 복잡하죠? 이걸 취재하러 온 기자들에게 일일이 설명하다 보면 어느새 취재 시간이 끝나요. 그래서 취재가 완성되는 적이 없어요. 그 정도로 이 차이를 제대로 설명할 수 있는 저널리스트는 일본에 거의 없을 테니 오늘 수업을 통해 죽음과 관련된 지식 면에서 여러분이 더 박식해질 거예요. (웃음) 이 단어를 받아들이는 자세의 차이가 바로 이번 브리타니 관련 보도에서 어려움을 겪었던 본질입니다. 그렇다면 왜 미국에는 일본에서 말하는 존엄사에 해당하는 단어가 없는 걸까요? B는 왜 그렇다고 생각하나요?

Death With Dignity, 직역하면 '존엄한 죽음'이지만 일본에서는 '안락사'를 의미한다

일본에서는 위법(범죄)	일본에는 법률이 없다
안락사	**존엄사**
불치이며 말기인 상태에서 약물로 죽음을 앞당긴다.	불치이며 말기인 상태에서 불필요한 연명 치료를 하지 않는다.
↓	↓
의도적인 임종	**자연스러운 임종**

B 글쎄요. 어쩌면 미국에는 존엄이라는 개념이 없는 게 아닐까요? 잘은 모르겠지만.

나가오 미국에는 존엄이라는 개념이 없다? 이거 대담한 가설이군요. 미국 사람들이 들으면 놀라겠는데요. 미국은 일본보다 개인주의를 중시하는 나라라서 그런지 일본어의 존엄으로 번역할 수 있는 단어가 많습니다. dignity, majesty, sanctity, pride... 이 단어들은 모두 존엄이라는 말로 바꿀 수 있어요. 그렇다면 대체 왜 일본과 같은 의미에서의 '존엄사'에 해당하는 정의가 없는 걸까요? 이건 유럽의 나라들도 마찬가지입니다.

아까부터 얘기했듯이 일본의 문화에서 안락사와 존엄사는 별개로 정의되어 있어요. 하지만 서양에서는 일본어에서 정의하는 존엄사는 자연사를 의미하며 당연한 거예요. 사람은 자연스럽게 존엄사의 형태로 죽어갑니다. 너무나 당연해서 정의를 내릴 필요가 없기 때문에 일본어의 '존엄사'에 해당하는 단어가 존재하지 않는 거예요. 굳이 표현하자면 'Natural Death'라고나 할까요.

G 그건 바꿔 말하면, 서양에서는 죽음의 문턱에서 환자나 가족의 뜻에 따라 연명 치료를 그만둘 수 있다는 말인가요?

나가오 지금 G의 발언은 맞는 것 같기도 하지만 중요한 부분이 틀렸어요. '서양에서는 본인의 뜻이 명확하고 또한 임종기(인생의 마지막 단계)라고 판단되면 의사의 승인을 받아 연명 치료를 중단할 수 있다'고 하는 편이 정확합니다.

A 네? 일본에서는 의사가 연명 치료를 중단할 수 없나요?

나가오 네, 의사가 마음대로 연명 치료를 중단하면 환자 가족에게 살인죄로 기소까지 당할 가능성이 있으니까요. 이런 사건에 대해 들어본 적이 있지 않나요?

A 그렇다면 누가 연명 치료를 중단할 수 있나요?

나가오 무엇보다 본인의 의사를 명확하게 문서로 밝혀 두어야 합니다.

C 하지만 죽음을 앞둔 상황에서 당사자는 의사 표현이 어려울 텐데요?

나가오 바로 그겁니다. 그래서 지금 내가 부이사장으로 있는 일본존엄사협회에서 자신이 죽을 때 어떤 선택을 할 것인가, 리빙 윌Living Will(사망 선택 유언, 생전 의사 표시, 한국의 '사전연명의료의향서' '연명의료계획서'에 해당한다. —옮긴이)을 명확히 해 두자는 운동을 지속적으로 하고 있는 겁니다. 그러나 오해하지 말아야 할 것은 일본존엄사협회 활동의 주목적이 '무슨 일이 있어도 존엄사를 하세요!'는 아니라는 거예요.

'당신의 임종 과정에서 원치 않는 연명 치료를 피하기 위해 리빙 윌을 작성하지 않겠습니까?' 하고 묻는 거죠. 앞서 얘기했듯 '존엄사'라는 말의 정의가 까다롭고 오해를 불러일으킬 우려가 있기 때문에 사실은 '일본 리빙 윌 협회'로 명칭을 바꾸자는 의견도 있습니다.

일본존엄사협회 활동의 주목적은 자신의 임종기에 원치 않는 연명 치료를 피하기 위해 건강할 때 리빙 윌을 작성하도록 권유하는 것

F 하지만 '리빙 윌 협회'라는 이름은 외래어라서 우리 할머니 같은 사람은 무슨 뜻인지 모를 것 같아요.

나가오 네, 그런 의견도 있어요. 그래서 아직 개칭에 관해서는 미정입니다. 이쯤에서 다시 한 번 내가 생각하는 '존엄사'라는 말에 대해 정리해볼까 합니다.

존엄사란 뭘까요? 유감스럽게도 인간의 치사율은 100%입니다. 이 세상에 죽지 않는 사람은 없어요. 생명을 부여 받은 사람은 모두 죽음을 향해 시간을 보내고 있는 겁니다. 세월이 쌓이다 보면 대부분의 사람은 병들고 노쇠해 갑니다. 인간의 노화는 불가역입니다. 최근에는 종종 쉰, 예순 살도

30~40대 피부로 돌아갈 수 있다는 말로 건강식품을 홍보하던데, 그건 정말 거짓말이에요. 젊어 보이도록 외모를 꾸밀 수는 있겠지만, 나이를 먹고, 늙고, 죽는 것을 피할 수는 없습니다. 지금 아무리 젊어 보이고 얼굴에 주름 하나 없다고 해도 언젠가는 주름이 생기고 흰머리도 날 것이며 머리카락도 빠질 겁니다. 그게 살아있다는 증거죠.

인간은 치사율 100%, 불가역적인 시간을 살고 있다

나가오 어떻게 늙고 어떻게 죽어갈 것인가, 물론 이 문제에 대한 답은 제각각이겠죠. 암일 수도 있고 치매일 수도 있습니다. 그냥 늙을 수도 있어요. 살아 있는 한, 어느 일정 지점부터 불가역적이며 곧 죽음이 임박하는 시기가 반드시 옵니다. 다만 이 '죽음이 임박했다'는 시간적 감각이 서양과 일본은 다른 것 같아요. 서양에서는 죽음이 다가왔다고 하면 '6개월 시한부'라고 하잖아요. 하지만 나는 남은 시간을 본인에게 알리는 것과 '죽음'이 가까워졌음을 가족에게 알리는 것은 전혀 다른 얘기라고 생각해요. 나의 경우는 재택 환자에게 2~3일을 앞두고 '이제 시간이 얼마 남지 않았다'고 알립니다. 솔직히 1시간 전까지 모르는 경우도 꽤 있어요. 큰 병원 의사들도 고작 1주일이나 4~5일 전에 알리는 게 일반적입니다. 엄연히 죽음이 코앞에 다가온 이런 순간에 예를 들어 인공호흡기나 영양 공급을 위해 몸에 연결해 놓은 관을 제거하는 행위, 혹은 처음부터 그런 조치를 하지 않는 것을 일본 의료업계에서는 '존엄사'라고 부릅니다.

그러므로 의사가 직접 시행하는 방법 1은 물론, 브리타니 메이나드가 선택한 방법 2의 안락사와 존엄사는 전혀 달라요. 그런데도 신문이나 텔레비전은 구분 없이 사용했죠. 나같은 의사는 상당히 당황스럽습니다. 극단적으로 말하면 이런 개념에 대한 이해가 전혀 없는 상태에서 '일본존엄사협회에 가입하면 죽는 거 아니냐'고 생각하는 사람마저 나올 가능성이 있으니까요. 그렇지 않습니다!

나는 오히려 과도한 연명 치료 때문에 생의 마지막 시간을 불필요한 고통으로 보내는 경우를 많이 봐왔습니다. 자연스럽게 말라가듯 죽는 것. 오히려 이 편이 고통스럽지 않아요. 원래 죽는 순간은 아프지 않고 괴롭지도 않습니다. 그런데 큰 병원의 의사들은 이걸 모르고 죽음은 패배라는 생각에 최후의 순간까지 과도한 연명 치료를 하는 겁니다.

평온사에서 안락사까지는 연속 개념

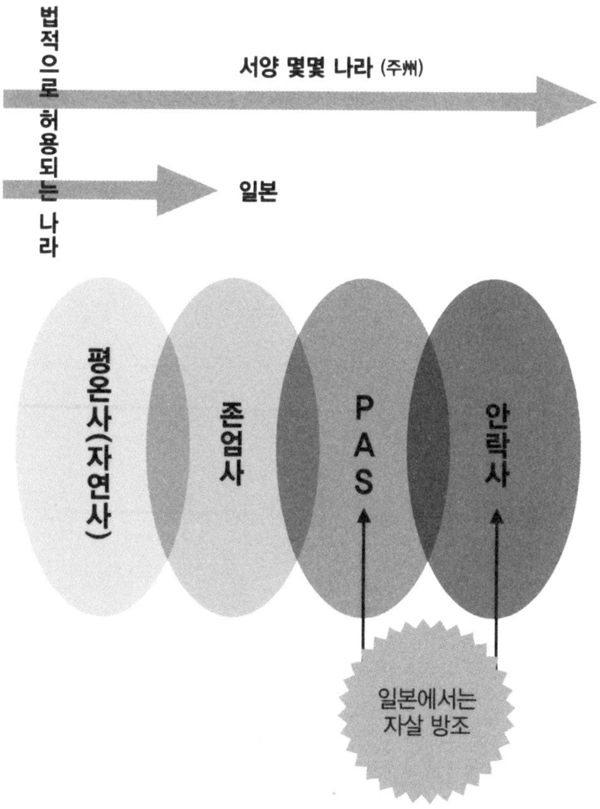

B '죽음은 패배'라고요?

나가오 그래요. 대형 병원의 의사들은 정말 그렇게 생각해요. 환자를 죽지 않게 하는 것이 의사의 사명이라고, 대학 때나 수련의 시절에 귀에 못이 박힐 정도로 배우니까 어떻게 생각하면 당연하기도 하죠. 누가 봐도 '이제 시간이 얼마 남지 않았다'는 걸 알 수 있는 환자에게 죽는 당일까지 항암제를 투여하는 의사도 있어요. 그게 정말 그 환자를 위해서일까? 나는 아닐 거라고 생각합니다. 사실은 '지고 싶지 않아서'가 아닐까요. 다시 한번 말하지만 죽음은 패배가 아닙니다. 인간은 치사율 100%, 불가역적인 시간을 살고 있으니까요. 나는 이런 현실을 알리고 싶어서 '평온사'라는 단어를 가지고 책을 쓰고 있어요.

E 왜 '존엄사'가 아닌 '평온사'라는 단어를 사용하나요?

나가오 그 이유는 지금 여기서 말한 게 전부예요. 존엄사라는 단어의 배경이 너무 복잡하기 때문입니다. 일본어로 안락사와 존엄사는 전혀 다른 존재지만 나는 존엄사와 거의 같은 의미로 평온사라는 단어를 사용해 얘기하고 있는 겁니다.

2장

존엄사 · 안락사에 찬성하는가, 반대하는가?

나가오 지금까지의 대화를 통해 여러분은 '안락사' '존엄사' '평온사'라는 단어의 차이, 개념, 나의 생각을 어느 정도는 이해했을 거라고 생각합니다. 그럼 지금부터 조금 더 깊게 들어가 보죠. 의견 있는 분 있나요?

G 저는 서른아홉 살 회사원입니다. 지금까지 나가오 선생님이 하신 말씀을 듣고 이제 정리가 좀 됐어요. 그리고 제 개인적 견해로는 '안락사'는 존재하는 게 좋다고 생각합니다.

나가오 존엄사가 아니라 안락사를 찬성하는 건가요? 왜죠?

G 이유는… 벌써 25년 전 얘기입니다만, 제 아버지가 암으로 돌아가셨어요. 당시에는 지금 말하는 암보험 같은 것도 없었고 아버지의 병으로 우리 가족의 생활은 완전히 달라졌습니다. 거의 파산 수준이었죠.

폐암 판정과 동시에 6개월 시한부라는 선고도 받았습니다. 하지만 아버지는 그 후 병상에서 1년 반 동안 버텨주었어요. 수술은 할 수 없었지만 항암제가 효과가 있었던 것 같습니다.

하지만 회복될 조짐은 전혀 보이지 않았고, 그 1년 반 동안 목숨은 붙어있어도 체력과 기력 모두 나날이 쇠약해지기만 했습니다. 그런 상태에서 앞을 예측할 수 없다는 건 사실 본인은 물론 가족에게도 괴롭고 긴 시간이었습니다.

나가오 G의 아버님은 마지막에 집으로 돌아가기는 하셨나요?

G 아니요. 25년 전에는 재택의료의 '재'자도 없던 시절이었어요. 아버지도 집에서 돌아가시고 싶었겠지요. 하지만 아직 젊은 암환자가 집에서 임종을 맞을 수도 있다는 건 그 누구도 상상하지 못하던 시절이었어요. 그래서 나가오 선생님의 평온사 책을 읽었을 때, 이런 방법이 있다는 걸 알고 놀랐고 후회스럽기도 했습니다.

나가오 25년 전이면 1990년대 초반이군요. 항암제 치료라는 게 일본에서 각광을 받기 시작하던 시절입니다. 당시의 항암제는 지금보다도 부작용도 몇 배나 많았고, 무엇보다 대형병원이 그런 최신 현대 의료를 지금보다 몇 배나 더 과신해서 '죽음은 패배'라고 여기던 시기이기도 합니다. 좀 더 알기 쉽게 설명하면 항암제의 등장으로 병원은 지금까지는 고치지 못했던 암을 고칠 수 있다고 과신한 거예요.

그래서 끝까지 환자의 삶의 질QOL, Quality of Life(한 개인이 스스로 느끼는 즐거움 등의 긍정적 정서와 주관적 만족감을 의미한다. —옮긴이)은 무시하고 암 치료에만 전념하는 의사들이 등장했습니다. 그야말로 나무만 보고 숲은 보지 못하는 거죠. 환자 전체를 보지 않고 암만을 주시하는 전문의들이 많아지기 시작한 겁니다. 그런 일이 제일 많았던 시대였어요.

나는 한신 아와지 대지진이 발생한 1995년 효고현 아마가사키시에서 개인 병원을 개업했습니다. 그 전까지는 시립 병원의 월급 의사였어요. 병원에서 근무할 당시에는 고통스러운 표정으로 임종을 맞는 환자분들을 많이 봤어요. 뭔가 이상하다, 환자를 괴롭히는 것은 질병이 아니라 내가 아닐까 하는 의문이 들기 시작했습니다. 병원을 뛰쳐나왔죠. 병원을 나와 동네 의사가 된 다음에야 보이기 시작한 것들이 많았습니다.

환자분들에게 많은 것을 배웠어요. 그리고 지금도 대형 병원의 임종기 의료에는 위화감을 느낍니다. 물론 평온사에 대해 관심과 호감을 보이는 병원도 많아졌어요. 임종기에 대한 의식 수준이 높은 병원과 전혀 아무 생각 없는 병원의 격차가 점점 커지고 있습니다.

예를 들면 최근에도 죽는 순간까지 대형 병원에 다니면

서 항암제 치료를 받던 환자가 있었어요. 임종의 순간에도 항암제 링거액이 똑똑 떨어지고 있었는데, 주치의가 진지한 얼굴로 이렇게 말하더군요.

"정말 억울하군! 조금만 더 버티면 암을 고칠 수 있었는데 환자가 먼저 죽다니!"

귀를 의심했죠. 이건 코미디 대사가 아닙니다. 내가 직접 목격한 실화예요. 그 환자는 괴로웠을 겁니다. 지금도 이런 과잉 의료가 종종 일어나고 있어요.

G 그 환자도 괴로웠겠지만 가족도 힘들었을 거라고 생각합니다. 저는 지금도 그 1년 반이 아버지에게 어떤 의미가 있었을까 문득문득 생각이 납니다. 정말 아버지 자신을 위한 것이었는지도 모르겠어요. 그리고 아까도 얘기했지만 줄곧 간병을 한 우리 어머니를 비롯해 주변 사람들이 점점 피폐해져 갔습니다.

경제적인 부분에 대해 말하자면 25년이 지난 지금도 그때 진 경제적 부담은 해소하지 못했어요. 그래서 만약 안락사라는 방법이 허용되고 본인과 가족이 그에 대해 상의할 수 있는 기회가 있었다면 어머니도 나도 지금, 다른 인생을 살고 있을지도 모릅니다. 안락사라는 방법을 국민이 선택할 수 있도록 함으로써 인생을 구원받는 사람도 있을 것 같다는 생각이 듭니다.

나가오 이해가 됩니다. 그런데 만약 25년 전, 당신의 아버지가 말기 암으로 고통 받고 당신의 어머니와 당신이 정신적, 경제적으로 어려웠을 때 일본에서 안락사가 허용되는 상황이었다고 가정해 봅시다. 그랬다면 당신과 당신의 어머니는 병상에 누워있는 아버지에게 안락사를 제안했을까요?

G … 아니요, 솔직히 그렇게 직접적인 생각은 해보지 않아서… 예를 들어 아들인 제가 아버지한테 제안할 수 있었을까 묻는다면… 아마 못 했을 겁니다. 예를 들어 의사라든가 제3자가 권유했다면 상의해 볼 기회가 있었을 거라는 말을 하고 싶었어요.

나가오 자신은 도저히 안락사 얘기를 꺼낼 수 없으니 제3자가 제안해 주면 좋겠다는 거군요.

G 네. 가족이란 그런 게 아닐까요?

안락사로 구원받는 건 환자 본인인가, 가족인가?

나가오 솔직하게 말해줘서 고마워요. 자, 만약 병상에 누워 있는 말기 암 환자 아버지가 직접 '나를 안락사 시켜 달라'고 말했다면 어땠을까요?

G 그 상황이 가장 말하기 쉬웠을 것 같아요. 어쨌든 아픈 결단이 되겠지만요.

나가오 사실은 나도 10대에 아버지가 돌아가셨어요. 내 아버지의 경우는 병 때문이 아니라 스스로 목숨을 끊었어요. 그게 태어나서 처음 목격한 '죽음'이었습니다. 아버지는 군인이었는데, 고지식하다고나 할까 집에서는 말수가 적고 엄격한 분이었어요. 집에 있는 것만으로도 왠지 긴장감이 도는 그런 사람이요. 그런 아버지가 퇴직 전후로 우울증에 걸려 입원과 퇴원을 반복하기 시작하더군요.

내가 고등학교 3학년이던 겨울, 아버지가 난데없이 교토로 여행을 가고 싶다고 했어요. 나는 입시를 앞두고 있었지만 아버지가 먼저 그런 말을 꺼내는 게 흔한 일은 아니라서 꼭 가야 하는 이유가 있겠지 싶었습니다. 아버지와 둘만의 여행은 그때가 처음이자 마지막이었어요.

아버지는 여느 때처럼 말수가 적었는데, 절을 몇 군데 둘러보고 나서, 시조대교四条大橋였던 걸로 기억해요. 다리 위에서 "여기서부터는 따로 움직이자"고 천천히 말하는 겁니다. 밤에 다시 이 다리 위에서 만나자고요. 나는 고개를 끄덕일 수밖에 없었어요. 그리고 아버지는 무슨 생각이었는지 주머니에서 장지갑을 꺼내 내게 주었습니다. 그리고 시계를 풀어 그것도 주었어요.

"미안하지만, 이거 가지고 있거라."

그게 아버지의 마지막 말이었어요. 밤이 되었고 나는 약속한 시조대교로 갔어요. 해가 저문 12월의 교토는 대기가 건조하고 무척이나 추웠습니다. 그런데 아무리 기다려도 아버지는 돌아오지 않았어요. 지금처럼 휴대전화가 있는 것도 아니었죠. 나를 잊은 걸까? 나는 하는 수 없이 혼자 집으로 돌아왔습니다.

경찰로부터 그 시조대교 바로 앞에 있는 신사 뒷산에서 아버지로 추정되는 목 멘 사체가 발견됐다는 연락을 받은 것은 그로부터 며칠 지난 다음이었습니다.

차갑게 식은 아버지와 대면한 것은 경찰의 시신 안치소였어요. 그게 내 인생 최초로 본 사체였습니다. 나는 많은 것이 분했어요. 슬프다기보다는 분했습니다. 피를 나눈 가족인데도 육친의 죽음을 전혀 짐작할 수 없었다는 무력함이 우선 분했어요. 그리고 수년 동안 대학병원 정신과에 입원과 퇴원을 반복하며 치료를 받았는데, 왜 이런 결과가 됐는지도 분했습니다. 의료라는 것도 이 정도로 무기력한 것인가 싶어서 말이죠. 아버지의 죽음으로 나는 대학 진학을 포기했고 고등학교를 졸업한 다음에는 토목 현장 등에서 막노동을 했습니다. 하지만 생각을 고쳐 먹었어요. 아무래도 의대에 가서 의사가 되어야겠다고. '죽음'과 마주하는 의사가 되어야겠다는 생각이 처음 들었던 원점은 홀로 지냈던 교토의 밤이었어요.

A 선생님은 그때 충격을 받았나요?

나가오 물론이죠. 그때만큼 충격적인 일은 없을 거예요. 아직 어렸으니까요.

D 아버님은 선생님과 헤어지고 바로 목숨을 끊으셨나요? 아니면 며칠 지난 후였나요...

나가오 모르겠어요. 경찰이 발견했을 때는 "사후 수일이 경과

했다"고 했어요. 여러분은 가까운 사람의 기일을 기억하고 있겠지요. 하지만 저는 아버지의 기일을 정확히는 알지 못해요. 그래서 아버지가 돌아가셨을 걸로 추측되는 며칠 동안은 혹시 오늘이 아닐까 싶어 검은 양복을 입습니다. 아버지의 무덤은 이타미공항 근처에 마련했기 때문에 비행기가 이착륙을 할 때는 항상 합장을 해요. 예의는 아니지만 이타미 상공에서 성묘를 하는 거죠, 바쁘니까요. (웃음)

조금 전 G의 이야기와도 관계가 있는데 안락사, 존엄사라는 단어가 애초에 누구를 위해 존재하는 건지 생각해 볼 필요도 있습니다. 내 경험에서도 알 수 있듯이 아들도 아버지의 죽음을 전혀 예측하지 못했어요.

그렇다면 '죽음'이란 어디까지나 1인칭, 그 사람 개인만의 것일까요? 그렇지 않습니다. 당연한 얘기지만 죽음으로 인해 충격을 받는 건 언제나 타자니까요.

'죽음'으로 충격을 받는 건 누구인가?

나가오 유감스럽게도 나는 '내가 죽어서 충격 받았다'고 말하는 사람을 본 적이 없어요. 물론 '내가 죽어서 잘 됐다'고 말하는 사람도 본 적이 없고요. (웃음) 죽음이란 언제나 2인칭 혹은 3인칭입니다. 2인칭의 죽음은 대개 충격이고 슬프죠.

G 선생님은 아버님이 돌아가실 무렵부터 안락사나 존엄사라는 말을 알고 있었나요?

나가오 '존엄사'라는 말은 전혀 몰랐어요. 아니, 당시에는 이 세상에 존재하지 않는 말이었죠. 내가 '존엄사'라는 말을 안 것은 본과 3학년 때였던 것 같아요. 그해 대학 가을 문화제에서 '존엄사를 생각한다'는 주제의 포럼이 있었습니다. 내가 스물넷이었으니까 1983년 무렵이네요. 세계적으로 갑자기 안락사에 대한 논의가 활발해지던 시기였어요. 일본어로는 '존엄사'보다도 '안락사'라는 말이 역사가 오래됐죠.

여기 계신 여러분이 아직 태어나기 전일지도 모르지만 1976년 미국에서 '카렌 판결'이라는 사건이 있었어요. 이 카렌 판결에 대해 아는 사람 있나요?

일동 …

나가오 없군요. 아직 여러분이 태어나기 전이었군요. 이 카렌 판결은 당시 일본에서도 대대적으로 보도가 되었습니다. 당시의 신문 기사가 자료로 남아있으니 같이 볼까요. 내가 '안락사'라는 말은 알게 된 것은 이 카렌 판결 보도를 통해서였어요.

카렌 앤 퀸란 판결

1975년 4월 15일, 미국 뉴저지에 거주하는 카렌 앤 퀸란Karen Ann Quinlan(당시 21세)은 친구의 생일 파티에서 알코올 음료와 평소 복용하던 신경안정제를 함께 먹은 후 어지럼증을 느껴 친구의 침대에 누워있었다. 잠시 후 파티에 참석한 누군가가 의식을 잃고 호흡이 멈춘 카렌을 발견. 급성 약물중독으로 호흡부전이 발생한 그녀의 뇌는 회복 불가능한 상태가 되었다. 카렌은 뉴저지 주 세인트 클레어 병원으로 이송되어 인공호흡기 등의 생명 유지장치를 부착했다.
주치의로부터 회복 가능성이 없다는 선고를 받은 그녀의 부모는 하루가 다르게 수척해져 가는 딸의 비참한 모습을 보다 못해 "인공호흡장치를 제거하고 편히 쉬게 해달라"고 요구했지만 주치의는 거절. 같은 해 9월 12일, 카렌의 부모는 뉴저지 주 고등법원에 "딸아이가 인간의 존엄에 걸맞은 자연스러운 죽음을 맞이하도록 하고 싶다"며 죽을 권리를 요구하는 소송을 제기했으나 "카렌은 아직 살아있다"는 이유로 소송은 인정받지 못했고 11월 10일에 기각되었다. 소송은 뉴저지 주의 대법원으로 이송되었고 대법원은 이듬해 3월 31일, 카렌 부모의 소송을 인정한다는 획기적인 판결을 내렸다.

"카렌의 아버지를 후견인으로 인정하고 회복 가능성 여부를 판정할 의사단을 선택할 권리를 부여한다. 선택된 의사들이 호흡기를 제거해야 한다고 판단하면 제거해도 좋다. 제거를 결정한 의사, 부모에게도 민·형사상의 법적 책임을 묻지 않는다."는 판결이 내려졌고, 5월 카렌의 인공호흡기가 제거되었다. 그런데 제거 후에도 카렌은 스스로 호흡하여 6월에 모리스 요양원으로 이송. 다른 의료 조치와 영양 공급을 받으며 식물인간 상태로 약 9년을 더 살다가 1985년 6월에 폐렴으로 사망했다.

나가오 이 일련의 보도에서 가장 충격적이었던 말은 '죽을 권리'라는 말이었어요. '살 권리'라는 말은 분명 학교에서 배웠을 겁니다. 하지만 '죽을 권리'라는 말은 본 적도 들은 적도 없었던 거죠.

C 그런 말은 아마 요즘 시대에도 학교에서는 가르치지 않을 거예요.

나가오 그럴지도 모르죠. 자, 그럼 어떤가요? 일본에서는 죽을 권리가 허용되고 있나요? 아닌가요? 누구 대답할 수 있는 사람?

B 자살도 죽을 권리라면 자살로 죽은 사람은 물론 자살 미수인 사람은 범죄가 되지 않기 때문에 그런 의미에서는 죽을 권리가 허용되고 있지 않나요?

나가오 듣고 보니 그렇군요. 분명 그렇습니다. 하지만 이런 안락사가 만약 일본에서 이루어진다면 본인이 강력히 희망했다 해도 조력한 의사는 경찰에 체포될 거예요. (한국의 경우에도 형법 제252조 1항, 2항에 의거 타인을 교사 또는 방조하여 자살하게 한 경우 자살관여죄가 성립한다. — 옮긴이)

자살, 자살미수는 죄를 묻지는 않는다
자살 방조는 일본의 형법에 따라 처벌받는다
즉 일본에서 의사에 의한 자살 방조는 범죄

나가오 사소한 것일지 모르겠지만 나는 사실 '자살自殺'이라는 말을 그다지 좋아하지 않아요. 자살로 죽은 가족이 있는 사람 중에는 이 '죽일 살殺'이라는 문자에 상처받은 사람이 많습니다.

D '죽이다'가 죄라서 그런 건가요?

나가오 그래요. 일본에서는 '스스로 죽을 권리'는 허용되지만 '살인'은 죄입니다. 그러니 스스로 목숨을 끊는 일에 '살'이라는 문자는 사용하지 않았으면 좋겠어요. 사실 시마네현에서는 이미 그런 움직임이 있습니다. 2013년부터 '자살 대책 종합계획'이라는 행정 정책이 '자사 대책 종합계획'이라는 명칭으로 변경되었어요. 가족들의 강력한 요청으로 명칭이 변경되었다고 해요. 시마네현의 장애복지과는 "'자사'에는 열심히 살려고 했으나 무력감이나 절망 끝에 죽었다는 어감이 있다"고 지적하고 있습니다. 나도 같은 생각이에요. 말을 바꿈으로써 가족들이 필요 이상의 자책감에서 해방될 수 있다면 점차 명칭을 바꾸어가는 게 좋겠죠.

자, '카렌 판결' 얘기로 돌아가 볼까요? 카렌 판결이 있던 1976년, 나는 고등학생이었어요. 일본에서 처음으로 '안락사'라는 단어가 당당히 신문 제목에 등장했습니다. 앞서 본 신문 기사에서도 알 수 있듯 '죽을 권리'가 존재하는가 아닌가, 전 세계가 그런 주제로 논쟁을 벌였어요.

E 카렌 본인이 아닌 가족이 인공호흡기를 떼 달라고 한 건가요?

나가오 그래요, 부모가 원했어요. 가족의 요청이 있고 치유될 가능성이 없는 사람에 대해 의사가 인공호흡기를 제거하는 것. 이것을 당시의 대중 매체는 '안락사'라고 보도했습니다. 이번 브리타니 사건 보도에 사용된 단어의 정의와는 완전히 다르죠. 하지만 여기서부터 예상치 못한 일이 전개되었습니다. 인공호흡기를 떼면 카렌이 바로 죽을 거라 예상했는데 식물인간 상태로 9년 동안 더 산 거예요. 이런 경우가 그렇게 드문 것도 아닙니다. 인공호흡기를 떼도 비교적 편하게 한동안 생명을 유지하는 일이 가끔 있어요.

A 그건 말하자면 인공호흡기는 불필요한 것이었으니 의료상의 과실이라 할 수 있지 않을까요?

나가오 아니, 그렇지 않아요. 의료 과실도 뭣도 아닙니다. 이것은 '의료의 불확실성'이라는 거예요. 의료의 세계에는 이렇게 하면 100% 이렇게 된다는 건 없어요. 병의 증세는 천차만별입니다. 효과가 있든 없든 100%라는 건 있을 수 없어요. 〈닥터-X〉라는 드라마에서는 요네쿠라 료코가 매번 "난 실수하지 않으니까"라는 대사를 해서 인기를 얻었던 것 같은데, 이 세상에 그런 의사는 없어요. 명의라 불리는 그 어떤 의사도 실수를 많이 합니다. 하지만 큰 흐름으로 보면 불필요한 실수는 없어요. 실수가 경험치로 쌓여 새로운 의료가 탄생한다고 생각해요.

결과가 보장되는 의료는 어디에도 없다

나가오 아무튼 카렌 판결을 통해 전 세계에 '죽을 권리'라는 개념이 확산됐어요. '일본존엄사협회'도 사실은 이 카렌 판결의 영향을 적잖게 받았다고 생각합니다.

자세한 것은 다음 연표를 보며 얘기합시다.

일본존엄사협회의 발자취와 주요 업적

● 협회 발자취 ◎ 국내외 움직임

1976	● 안락사협회 설립 - 초대 이사장 오오타 텐레이(太田典礼) ● 도쿄에서 안락사 국제회의 개최 ◎ 미국 카렌 판결, 존엄성을 유지하며 죽을 권리 인정
1977	● 규슈대학 강연회 엉망으로 끝남 ◎ 미국 캘리포니아주 '자연사법' 시행
1978	● 법제화 착수 ◎ 저술사 미즈카미 츠토무(水上勉) '안락사 법제화를 저지하는 모임' 발족
1979	● '말기의료특별조치법' 협회 초안 발표
1980	◎ 바티칸 성명 '소극적 안락사 인정'
1981	● 새로운 7개 항목 방침 천명, 적극적 안락사 인정 불가 ◎ 세계의사회 리스본 선언, 존엄사 권리에 대해 언급
1982	◎ 죽을 권리 협회 세계연합(WFRTDS, World Federation of Right-to-Die Societies) 결성
1983	● '일본존엄사협회'로 협회 명칭 변경 ● 1만 명이 국회에 법제화를 청원했으나 심의 미완료
1984	● 후생성 법제화 신청 반려
1985	● 협회 창설자 오오타 텐레이 사망 ◎ 미국 '카렌 판결' 사건의 카렌 사망 (호흡기 제거 후 약 9년간 생존)
1986	● 회장제 도입 - 초대 회장에 형법학자 우에마츠 다다시(植松正) ◎ WHO 암 통증치료 제창
1987	● 부부회원제도 실시 ◎ 세계의사회 마드리드 선언, 적극적 안락사 부정
1990	● 회원 1만 명 돌파 ◎ 라이샤워(Edwin O. Reischauer) 전 주일 미대사 존엄사 ◎ 미국 낸시 크루잔(Nancy Cruzan) 식물인간 상태에서의 영양공급 중지 허용

1991	● 2개월 동안 회원 6천명 증가 (도카이대학 안락사 사건으로 관심 증가) ◎ 도카이대학 부속병원에서 자행된 '안락사' 사건의 전모가 드러남
1992	● 세계연합 교토국제회의 개최 ◎ 일본의사회보고서 '존엄사 긍정'
1993	◎ 네덜란드, 안락사 합법화 분위기 무르익음
1994	● 변호사 나리타 가오루(成田薫) 이사장 취임 ◎ 일본학술회의 보고서 '존엄사를 적극적으로 인정' ◎ 미국 오리건 주 주민투표 '안락사법' 다수 찬성
1995	● LW(Living Will) 수용협력 의사 제도 탄생 ◎ 도카이대학병원 사건 해당 의사, 살인죄 혐의로 유죄판결 (요코하마 지방법원, 치료 중지 요건도 제시)
1996	● LW 개정위원회 '치매를 LW의 대상으로 삼지 않는다'
1997	● 전일본변호사협회 회장 기타야마 로쿠로(北山六郎) 이사장 취임 ◎ 미국 오리건 주 존엄사법 시행 (의사의 자살 방조 합법) ◎ 호주 북부 준주 안락사법, 9개월 만에 실효
1998	◎ 연명 치료에 부정적인 국민 68% (후생성 의식조사)
1999	● 말기 의료 교육에서 전국 의대 대상 설문조사 실시
2000	● 후생성, 문부과학성이 전국 의대에 '제언서' 제출 ◎ '여호와의 증인 수혈 소송' 대법원 판결 (치료 선택에도 자기결정권 존중)
2001	● 협회 설립 25주년 기념대회 개최 ◎ 네덜란드 안락사법 통과 (2002년 4월 시행)
2002	● 고야학예대학장 이가타 하키히로(井形昭弘) 이사장 취임 ● 협회 회원 10만명 돌파
2003	● 존엄사 법제화를 위한 새로운 노력 ● 후생노동대신에게 입법화 청원서 제출 ◎ 'LW 찬성' 사상 최고치인 60% 기록 (후생노동성 의식조사)

2004	● 세계연합 '세계회의 도쿄 2004' 개최 ● 법제화 청원 서명 14만 명 ◎ 홋카이도 도립하보로 병원에서 인공호흡기 제거 (살인혐의로 검찰 송치된 의사는 이후 불기소 처분)
2005	● 존엄사 법제화를 생각하는 의원연맹 발족 ◎ 식물인간 상태였던 미국의 테리 샤이보(Terri Schiavo) 존엄사 (정치적 개입 불구하고 대법원이 급식 튜브 제거 판결) ◎ 프랑스 존엄사법 시행
2006	● 6개 도시에서 법제화 포럼 전개 ◎ 도야마현 이미즈 시민병원 임종기 의료 사회문제로 대두 ◎ 오리건 존엄사법에 합헌 판결 (미연방대법원)
2007	◎ 후생노동성 '임종기 의료 가이드라인' 작성 ◎ 가와사키협동병원 사건, 의사에게 감형 판결 (도쿄고등법원)
2008	● 국가의 법인제도 개혁에 맞춰 법인화 모색 ◎ 후기 고령자 의료제도 '임종기 지원료' 동결 ◎ '법제화 찬성' 국민 감소, 의사 증가 (후생노동성 조사)
2009	● '환자의 권리법' 제정 운동에 찬성 ● '한국 존엄사 판결' 도쿄 보고회 개최 ◎ 미국 워싱턴 주 존엄사법(자살 방조) 시행 ◎ '이미즈 시민병원 문제' 관련 의사 불기소
2010	● 일반 사단법인으로 출발 ● 80세 이상 회원 34% ◎ 스위스 '자살 여행' 해외 관광객 규제 개시
2011	● 제1회 대의원 선거 실시 ● '존엄사 선언서' 개정 ◎ 독일 의사회 '자살 개입 허용'에 제동
2012	● 의사 이와오 소이치로(岩尾總一郎) 이사장 취임 ◎ 존엄사 법제화 의원 연맹이 제1안(불개시안), 제2안(중지 포함) 작성

2013	● '일본 리빙 윌 연구회' 발족 ◎ 미국 버몬트 주, 미국 내 세 번째 자살 개입 합법화 주가 됨
2015	● 일반 재단법인 일본존엄사협회로 출발 ● 미국 오리건 주, 메이나드 안락사 사건

발췌: 일본존엄사협회

일본존엄사협회는 2014년 현재, 회원수가 12만 1천 명 정도 됩니다. 평균 연령은 76세 정도. 바꿔 말하면 적어도 12만 1천명은 자신의 '죽을 권리'를 주장하고 있는 거죠. 하지만 다시 한 번 말하는데, 이 12만 1천명이 특별히 안락사를 희망하는 것은 아닙니다. 자신이 불치 또는 말기 상태가 되었을 때 불필요한 연명 치료는 거부하겠다는 권리를 주장하는 거예요.

B 그러니까 일본존엄사협회가 하는 일은 브리타니가 선택한 행동이나 카렌 판결과는 전혀 다르다는 건가요?

나가오 그렇습니다. 취지가 전혀 달라요. 내가 브리타니의 죽음에 대해 생각한 것이 하나 더 있어요.

브리타니 메이나드는 정말 암 말기 상태였을까?

나가오 브리타니는 스물아홉이라는 젊은 나이에 2014년 1월 악성 뇌종양 진단을 받았습니다. 쉽게 말하면 뇌에 암이 생긴 거예요. 뇌종양은 10만 명 중에 12명 정도의 비율로 발병한다고 알려져 있습니다. 브리타니는 처음에 극심한 두통, 구토 증상, 현기증 같은 자각 증상이 있었을 것으로 생각됩니다. 그리고 수술을 했지만 같은 해 4월 뇌종양은 말기 상태가 되었고 앞으로 6개월 정도가 남았다는 선고를 받습니다. 미국에서 6개월 시한부 선고는 임종기를 뜻하는 것 같아요. 아까 말씀드렸듯 미국은 임종기에 대한 개념이 일본과는 상당히 다릅니다. 그런 그녀가 인터넷을 통해 "나는 11월 1일에 죽을 것이다"라고 예고를 했습니다. 10월 26일이 남편의 생일이라 축하 파티를 하고 죽을 예정이라고 말이죠.

나도 브리타니가 자신의 죽음을 예고한 유튜브 영상을 봤어요. 그런데 그녀는 혈색도 좋았고, 물론 약물 부작용으로 인한 부종은 있었지만 살집도 있고 어조도 비교적 또렷하더군요. 솔직히 나는 소위 말하는 '임종기의 뇌종양 환자'라는 인상을 전혀 받지 못했습니다.

E 하지만 그녀가 2014년 4월에 6개월 시한부 선고를 받았다면, 죽겠다고 예고한 11월에는 이미 그 기한을 넘긴 게 되잖아요? 나가오 선생님은 그 여명 선고가 틀렸다고 생각하나요?

나가오 그래요. 이것도 아까 언급한 의료의 불확실성입니다. 여명 선고 기간이 지났어도 브리타니는 곧 사망할 것 같아 보이지는 않았어요. 흐음, 일률적으로 말하기는 어렵지만 잘하면 1년 정도는 건강한 상태를 유지할 수 있을 거라는 생각도 들었습니다. 어쩌면 2년도 가능할지 모른다는 생각도요.

그래서 나는 그녀가 안락사를 선언하기는 했지만 실제로 약을 복용하고 스스로 목숨을 끊는 '안락사' 실행으로는 이어지지 않을지도 모른다, 적어도 그녀가 선언한 11월 1일에는 죽지 않을 거라고 확신하고 있었습니다. 언제라도 죽을 수 있는 약을 부적처럼 지니고 다니면서 조금 더 살 거라고 말이죠. 그리고 그녀의 그 동영상은 인터넷에 업로드 된 후 10월 31일까지 전 세계적으로 900만 조회수를 돌파했다고 합니다. 그것을 본 사람들은 각국의 언어로 '브리타니, 죽지 마세요'라는 메시지를 보냈겠지요. 그런 격려의 메시지는 그녀에게 어떤 약보다 더 힘이 될 거라고 생각했어요.

하지만 그녀는 자신이 예고한 대로 결국 11월 1일에 안락사를 선택했고, 이런 메시지를 남겼습니다.

"암의 진행에 죽음을 맡기는 게 아니라 자긍심을 가지고 죽음을 선택하고 싶다."

"어차피 죽을 거라면 내가 좋아하는 음악이 흐르는 가운데, 사랑하는 가족에 둘러싸여 늘 자던 침대에서 행복한 최후를 맞이하고 싶었다."

그녀는 안락사PAS가 허용되는 오리건 주로 이주한 상태였기 때문에 법적으로는 전혀 문제가 없었고, 게다가 미국인 입장에서 보면 유별난 일도 아니었습니다. 오리건 주는 법률상 '6개월 시한부 선고를 받은 환자에게는 안락사를 위한 알약을 처방할 수 있다'고 되어 있으니까요.

G 가령 브리타니가 의사한테 약을 처방 받지 않고 스스로 청산가리 등을 먹고 죽었다면 그것도 '안락사'에 해당하나요?

나가오 그건 '안락사'가 아니에요. 그냥 자살입니다.

B 일반적으로 생각하면 브리타니가 한 행동도 자살이죠.

나가오 그럼, 그녀가 남긴 메시지를 하나 더 소개해 볼까요.

> "죽고 싶다는 생각 따위 해본 적도 없고, 어떻게든 치료를 하고 싶지만 방법이 없다."

그녀는 죽고 싶다는 생각 따위 해본 적도 없다고 분명히 말하고 있습니다. 그런데 "죽을 것이다"라고 선언하고 스스로 약을 먹고 안락사를 선택했어요. 그녀의 행동이 모순됐나요? 아니면 이해가 되나요?

D 마음은 알 것 같아요. 건강하다면 '죽음' 따위 생각할 필요도 없었겠지요.

나가오 그런데도 뭔가 개운치 않은 느낌이랄까요. 여기서 하나, 미국과 일본의 차이로 종교적인 배경도 고려할 필요가 있어요. 법률적 얘기는 아닙니다. 구별해서 생각해 주세요.

유대교, 기독교, 이슬람교에서 기본적으로 자살은 죄 자살한 사람은 장례식을 치르지 않는 경우도 있다

나가오 세계보건기구WHO의 조사에 따르면 2012년에 전 세계적으로 80만 4천 명이나 되는 사람이 자살로 사망한 것으로 추측하고 있습니다. 이 발표를 보면 서양 각국은 비교적 순위가 낮아요.

인구 10만 명당 자살자 수

순위	국가	전체	남성	여성
1	북한	39.5	41.0	38.1
2	대한민국	36.6	49.9	23.4
3	가이아나	34.8	50.8	18.3
4	리투아니아	33.3	59.5	10.9
5	스리랑카	29.2	45.8	13.4
6	수리남	27.2	42.4	11.9
7	헝가리	25.3	41.2	10.8
8	카자흐스탄	24.0	39.8	9.4
9	일본	23.1	33.7	13.1
10	러시아	22.4	39.7	7.5
11	벨라루스	21.8	37.8	7.9
12	인도	20.9	24.7	16.7
13	폴란드	20.5	37.0	5.2
14	라트비아	20.4	37.3	6.1
15	네팔	20.3	23.3	17.5

16	우크라이나	20.1	35.6	6.9
17	투르크메니스탄	19.4	31.7	7.5
18	몬테네그로	18.9	29.0	9.0
19	벨기에	17.7	25.9	9.7
20	에스토니아	17.5	30.2	6.6
21	모잠비크	17.3	22.1	12.7
22	슬로베니아	17.1	27.5	6.8
23	세르비아	16.8	25.5	8.4
24	핀란드	16.7	25.5	8.1
25	짐바브웨	16.6	24.6	8.9
26	크로아티아	16.5	26.7	7.0
27	부룬디	16.4	25.0	8.0
28	몰도바	16.1	27.8	5.5
29	부탄	16.0	20.9	10.2
30	프랑스	15.8	24.2	7.9
31	오스트리아	15.6	23.9	7.6
32	체코	15.6	26.6	5.0
33	아이슬란드	15.1	22.5	7.5
34	탄자니아	15.1	20.0	10.2
35	쿠바	14.6	23.2	6.0
36	불가리아	14.5	21.6	7.7
37	트리니다드 토바고	14.4	22.1	6.9
38	보스니아 헤르체고비나	13.9	22.3	5.8
39	기니	13.9	20.1	7.4
40	우루과이	13.8	20.0	6.2
41	미국	13.7	21.8	5.8
42	남수단	13.6	18.9	8.2
43	스웨덴	13.2	19.3	7.1
44	태국	13.1	21.2	5.3
45	칠레	13.0	20.0	6.0
46	독일	13.0	20.0	6.2
47	엘살바도르	12.8	2.6	5.8

48	루마니아	12.8	22.3	3.7
49	슬로바키아	12.6	22.5	3.2
50	포르투갈	12.5	19.9	5.5
51	미얀마	12.4	15.0	10.0
52	스위스	12.2	17.8	6.6
53	우간다	11.9	16.7	7.1
54	볼리비아	11.7	14.8	8.6
55	오스트레일리아	11.6	17.7	5.6
56	아일랜드	11.5	17.5	5.5
57	수단	11.5	15.8	7.2
58	캐나다	11.4	17.5	5.5
59	덴마크	11.2	17.0	5.5
60	아르헨티나	10.8	17.5	4.3
61	케냐	10.8	16.7	4.9
62	룩셈부르크	10.8	16.1	5.5
63	지부티	10.7	15.0	6.3
64	앙골라	10.6	15.5	5.8
65	코모로	10.5	14.9	6.0
66	뉴질랜드	10.3	15.4	5.4
67	노르웨이	10.2	14.6	5.8
68	네덜란드	10.0	14.1	5.9
69	잠비아	9.6	13.0	6.1
70	몽골	9.4	15.5	3.4
71	니카라과	9.1	13.5	4.8
72	캄보디아	9.0	11.9	6.2
73	에콰도르	8.9	12.5	5.3
74	싱가폴	8.9	11.5	6.3
75	중국	8.7	7.4	10.1
76	키르기스스탄	8.7	13.1	4.4
77	말라위	8.7	12.6	4.7
78	모리셔스	8.5	14.1	3.0
79	에리트리아	8.3	12.6	4.0

80	콩고 민주공화국	8.0	12.1	3.9
81	소말리아	8.0	12.0	4.1
82	터키	8.0	11.8	4.3
83	남아프리카공화국	7.9	11.5	4.1
84	콩고 공화국	7.8	11.8	4.3
85	파푸아뉴기니	7.7	9.7	4.4
86	우즈베키스탄	7.7	11.6	3.8
87	르완다	7.6	11.3	4.0
88	에티오피아	7.5	11.1	3.9
89	파키스탄 · 이슬람	7.5	6.8	8.1
90	바레인	7.3	10.3	2.2
91	과테말라	7.3	10.7	4.1
92	마다가스카르	7.3	10.4	4.2
93	스페인	7.1	11.1	3.1
94	가봉	7.0	10.1	3.8
95	코스타리카	6.9	11.4	2.2
96	영국	6.9	11.0	3.0
97	몰타	6.8	12.8	0.7
98	마케도니아	6.7	9.1	4.2
99	방글라데시	6.6	5.6	7.6
100	알바니아	6.5	7.1	5.9

WHO 발행 〈Preventing Suicide: A Global Imperative〉 부록
'성별 · 연령별 자살자 수와 자살 사망률 추정치'(2000년 및 2012) 중에서 발췌

A 그럼 브리타니의 죽음은 자살로 분류되지 않는군요.

나가오 그렇다고 해요. 종파에 따라서는 자살로 죽은 사람은 지옥에 떨어진다고 하는 나라도 있어요. 그러니까 어떤 의

미에서는 종교가 자살을 방지하는 부분은 있습니다. 불교에서는 자살을 하면 지옥에 떨어진다는 교리는 없어요. 죽으면 악인도 선인도 상하의 격차도 없다고 합니다. 기본적으로는 여러분은 같은 '부처'가 되는 거예요. 기독교 신자가 많은 미국과는 전혀 다르죠. 미국 사람인 브리타니도 이런 마음의 갈등이 있었을 거라 짐작됩니다.

종교적으로 자살이 허용되지 않지만
의사가 개입하면 죄가 아니다?
그래서 '안락사'를 선택할 수밖에 없다?

G 그렇다면 미국은 죽는 방법의 선택지가 다양하니 바람직하다고 해야 할까요...?

나가오 그 나라의 문화와 배경을 생각하면 아닐지도 몰라요. 우리는 서양의 문화나 시스템이 우리보다 앞설 거라 생각하는 경향이 있지만 그렇지 않습니다.

A 나가오 선생님은 조금 전 브리타니의 영상을 보고 임종기

라는 느낌이 들지 않았다고 했지만 브리타니 자신은 '죽음이 눈앞에 다가왔다'고 판단한 거죠? 그래서 죽음을 선택한 건 아닐까요?

나가오 좋은 질문이에요. 죽음이 임박했는지 어떤지는 누가, 어떻게 정하나요? 그걸 정하는 건 의사입니다.

D 어째서 본인이 정하면 안 되나요?

임종기는 누가 어떻게 정하는가?

나가오 일반인들은 모르겠지, 이게 의사들의 본심입니다.

D 네?

나가오 인간의 임종기는 의사밖에 모른다, 정해질 수 없다. 아마도 일본 의사 중 90%는 이렇게 생각할 겁니다.

A 하지만 의사도 모르는 게 있잖아요?

나가오 맞아요. 그래서 나는 강연이나 저서를 통해 그런 생각은 바꾸는 게 좋지 않겠냐는 문제 제기를 하고 있어요. 임종기를 누가 정하나요? 사실은 아무도 모르는데. 의사도 모릅니다. 가끔은 틀리기도 하죠. 의사도 사람이니까… 내 대답은 이렇습니다.

자, 내가 진료를 했던 아흔다섯의 할아버지를 예로 들어보죠. 할아버지는 이제 늙어서 의식도 없고 흰자위도 보이고, 어깨로 숨을 쉬는… 누가 봐도 '오늘 밤이 고비'인 상태였어요. 나는 가족에게 "앞으로 1시간 정도 남은 것 같습니다. 가족이 함께 잘 보내드립시다." 하고 선고를 했습니다. 그런데 좀처럼 돌아가시지를 않는 거예요. 하룻밤이 지나고 아침에 왕진을 가니 아직 살아 계셨어요. 그래서 점심 때는 외래 진료를 했고 밤에 다시 왕진을 갔지요. 그런데 할아버지가 글쎄 식사를 하고 계시더라고요. 사실은 1년 후에도 그런 일이 있었고, 또 1년 후에도 그런 일이 있었습니다. 그러니까 제가 '여명 1시간'이라고 말한 뒤로 그 할아버지는 무려 3년이나 더 사신 거예요.

일동 (웃음)

나가오 반대로 이런 일도 있었어요. 마지막은 가족과 보내고 싶다며 퇴원하고 집으로 돌아온 말기 암 환자를 내가 진료하게 되었습니다. 집에 온 후로 환자가 조금 기운을 차리길래 "앞으로 3개월은 함께 버텨 봅시다"라고 했어요. 집에 돌아오면 이렇게 회복세를 보이는 사람이 많거든요. 그래서 3개월은 버틸 수 있겠다 싶었습니다. 부인과 따님과 이런 얘기를 하고 그 집에서 나온 지 1시간 만에 휴대전화가 울리더군요. 그 댁 부인이었어요.

"나가오 선생님, 덕분에 지금 남편이 하늘나라로 간 것 같습니다."

서둘러 핸들을 꺾어 그 댁으로 향했습니다. 정말 돌아가셨더군요. 앞으로 3개월 남았다고 했는데 1시간 후에 죽고 만 겁니다. 의사의 예상은 이 정도로 빗나갈 때도 있습니다. 현실은 이런데 '의사는 여명을 확실하게 안다'는 전제 하에 임종기에 대한 논의를 하는 데 대해 저는 개인적으로 의문을 느낍니다.

C 위험하군요.

나가오 나도 그렇게 생각해요. 만약 정말로 죽음이 임박했다면 본인이 어떻게든 알 겁니다. 재택의료 현상에 있다 보면 사실은 의사보다 본인이 먼저 알고 있는 건 아닐까 싶은 경우가 많아요. 쇠약해져서 말로 표현하지 못할 뿐이죠. 그리고 그런 상태 변화는 의사보다 매일 지켜보는 가족이 훨씬 더 잘 알 겁니다.

야생 코끼리는 죽을 시기가 다가오면 평소 생활하던 곳에서 멀리 떨어진 코끼리 무덤으로 가서 죽는다고 해요. 길고양이나 떠돌이 개도 죽을 때가 다가오면 멀리 가서 죽는다고 합니다. 그런데 사람만 모를 리가 없어요. 하지만 언젠가부터 '그건 의사가 결정하는 것'이라고 생각하게 된 탓에 또한, 특히 말기 암환자의 경우는 죽는 순간까지 과잉 연명 치료를 하는 경우도 있기 때문에 원래 본인이 감각적으로 알 수 있는 부분조차 알 수 없게 되는 게 아닐까요.

A 의료가 인간의 본능을 사라지게 하고 있다는 말씀인가요?

나가오 그렇다고도 할 수 있어요. 예를 들어 음식이 상했는지 상하지 않았는지도 그래요. 원래는 냄새를 맡으면 알 수 있는 것을 현대인들은 유통기한이 지났는지 아닌지를 보면서 판단하지 않습니까?

F 맞아요. 아직 먹을 수 있는 것 같아도 무서워서 버리게 되거든요.

나가오 문명의 발달이라는 것은 인간이 다양한 본능을 잃어가는 과정이기도 합니다. 그래서 이렇게 우리가 '죽음'에 대해 생각하는 것은 인생에 있어 중요한 일을 남에게 맡기는 게 아니라 나 스스로 생각해 보자, 몸의 소리에 조금 더 귀를 기울이자, 하고 깨닫는 기회이기도 합니다.

아까 나는 환자가 죽는 그날까지 항암제를 투여하던 대형 병원 얘기를 했습니다. 그런 의료에는 분명 많은 문제가 있어요. 하지만 더 이상 아니다 싶으면 항암제를 맞기 위해 병원을 찾지 않으면 됩니다. 나 자신 혹은 가족이 오늘은 병원에 가지 맙시다, 하고 결정하면 되는 간단한 문제예요. 그래서 나는 돌아가신 환자분들의 가족에게 이렇게 물었습니다.

"어째서 죽는 당일까지 항암제를 맞으러 병원에 갔습니까?" 그러면 돌아가신 분의 부인은 이렇게 대답합니다.

"죽을 거라고는 생각지 않았고, 의사 선생님이 이제 그만 와도 된다고 말하지 않아서요." 같은 질문을 병원 의사에게도 했습니다. 그러자 의사는 이렇게 답하더군요.

"가족이 환자분을 데리고 왔길래 항암제를 투여했을 뿐

입니다."

A 이런!

나가오 이게 현실입니다.

G 그럼 선생님은 브리타니가 시한부 인생을 선고 받은 게 그녀가 더 살 수도 있는 가능성을 박탈했다고 생각하는 건가요?

나가오 브리타니와 같은 상태인 사람이 내 환자였다면 적어도 앞으로 6개월 남았다고 본인에게 직접 말할 일은 절대 없을 겁니다. 가령 환자가 '앞으로 얼마나 남았는지 사실을 말해 달라'고 부탁해도 절대 말하지 않을 거예요. 그건 아까도 말했듯 '종종 빗나가기 때문'인 게 첫 번째 이유입니다. 그리고 다른 하나는 '여명'이라는 말의 힘이 본인에게 스며들기 때문입니다. 사실은 더 오래 살 수 있을지도 모르는데, '앞으로 6개월'이라는 선고를 받는 순간 힘이 빠지고 살아갈 힘을 필요 이상으로 빼앗기는 경우도 많습니다. 남은 소중한 시간을 맞을지 틀릴지 모르는 의사의 말 한 마디 때문에 일부러 슬픈 계획으로 바꿀 필요는 없는 거예요.

하지만 경우에 따라 가족에게는 알려야 한다고 생각합니다. 마음의 준비나 상속 같은 준비도 해야 하니까요. 그리고 최근의 생명보험에는 '여명 급부특약'이라고 해서 여명 6개월을 선고받은 시점에서 이전에 계약한 사망보험금 일부를 생전에 받을 수 있는 상품이 있어요. 의사가 여명 선고를 하지 않으면 받을 수 있는 것도 받지 못하게 되는 경우가 생깁니다. 이 여명 급부특약을 이용해 마지막 가족 여행 등을 즐기는 사람도 있습니다.

B 여명 급부특약이 마지막 가족 여행 비용으로 쓰인다면 좋을 것 같아요.

나가오 그리고 가족에게 나쁜 소식을 전할 때는 이런 방법도 사용합니다.

소중한 사람의 죽음을 예상했을 때 느끼는 정상적인 상실감을 받아들여야 한다

나가오 소중한 사람의 죽음에는 상실감을 느끼는 것이 당연합니다. 이러한 정상적인 상실의 슬픔이나 아픔을 어느 정도 받아들이도록 돕는 거죠. 그런 마음가짐이라면 지금까지 하지 못했던 말, 나중에 하려 했던 말을 살아있는 동안에 전할 수 있다는 장점이 있어요. 하지만 사람에 따라서는 사랑하는 사람이 가까운 장래에 죽을 거라는 사실을 완전히 받아들이지 못하고 우울증에 빠지거나 건강 상태가 나빠지는 경우도 있어요. 그래서 의사로서 가족에게 죽음의 시기를 잘 전달하는 일은 언제나 어렵습니다. 저 역시 지금까지도 익숙하지가 않고요.

브리타니는 여명 선고 기한이 지났어도 그 정도로 건강했습니다. 그래서 나는 그 여명 선고를 한 의사는 사과를 했어야 한다고 생각합니다. '나의 예측은 틀렸습니다. 당신에게 남은 시간을 수정하겠습니다.' 하고 말이죠. 만약, 솔직히 이렇게 사죄했더라면 브리타니도 생각을 달리하지 않았을까요? 환자 본인에게 직접 여명을 선고하는 것은 그만큼 죄가 무겁다고 생각해요.

C 하지만 브리타니는 이런 말을 했어요. "뇌종양으로 뇌의 기능을 잃어 남편의 이름조차 말하지 못하게 되면 너무 마음이 아플 테니, 나는 그렇게 되기 전에 죽겠습니다"라고요. 나

가오 선생님 입장에서 보기에는 아직 임종기가 아니고 멀쩡해 보였을지 몰라도 그녀 입장에서는 사랑하는 남편을 선명하게 기억하는 상태에서 죽을 수 있는, 최후의 경계선이었을지도 모릅니다.

나가오 음, 그래도 몇 개월은 더 버텼을 거라고 생각하는데요. 분명 서양 사람들은 자기가 자기가 아니게 되는 과정에 대해 일본 사람들보다 더 공포를 느끼는 것 같아요. 이게 어떤 거냐 하면 그들은 자기 결정을 하는 게 인간으로서의 기본이고 자기 결정이 삶 전반에 전제되어 있어야 한다고 생각하는 겁니다. 다른 가족도 일본만큼 개입하지 않고, 개입할 수도 없죠. 직업 선택, 결혼과 이혼, 그리고 자신이 받을 의료에 관해서도 모두 자신이 직접 결정합니다.

이에 반해 일본은 자기 결정을 하지 않는 나라라고 할 수 있어요. 다같이 상의해서 결정하죠. 혹은 다르다고 생각하면 침묵하고, 침묵은 곧 금이 됩니다. 서양의 경우는 틀린 걸 틀렸다고 주장하지 않으면 바보 취급을 당해요. 브리타니도 남편의 이름을 잊거나 행복했던 기억을 잃으면 자기는 더 이상 인간이 아닌 거라는 공포감도 있었을 겁니다. 그래서 그 전에 죽고 싶다고 생각했겠죠.

자, 그럼 이쯤에서 여러분에게 질문하겠습니다. 여러분 자신이 위중한 병에 걸렸을 때, 혹은 부모님이 위독하실 때 앞으로 얼마나 살 수 있는지 알고 싶은가요? 의사에게 물어볼 건가요?

B 그럴 필요 없을 것 같아요.

C 내가 직접 알게 되는 건 두렵지만 가령 부모님이 쓰러졌을 때 앞으로 얼마나 더 사실 지 알아두지 않으면 제대로 준비를 할 수 없을 것 같아요.

나가오 그건 마음의 준비를 말하는 건가요? 아니면 물리적인 준비?

C 둘 다요. 하지만 앞으로의 일을 생각해야 하니까 나가오 선생님이 말한 것처럼 여명 선고를 무조건 '악惡'이라 생각하는 건 타당하지 않다고 생각합니다.

나가오 '악'이라고 하지는 않았어요.

C 안 좋게 생각하실 수도 있지만, 저는 예를 들어 만약 부모님이 쓰러지면 앞으로 얼마나 사실지 의사에게 물어보겠습니다.

나가오 나도 가족이 물어오면 내가 예상하는 기간을 귀띔해줘요.

G 저도 여명 선고는 필요하지 않을까 생각합니다. 언제 죽을지 모르는 채로 점점 병이 깊어간다면 이별 준비를 할 수 없으니까요. 남겨진 이에게는 마음의 정리가 안 되니까 결과적으로 그것이 맞든 틀리든 말해주었으면 해요. 하지만 물론 조금이라도 회복 가능성이 있다면 말하지 않는 게 좋다고 생각합니다.

D 제 이모는 병원에서 말해준 여명 기간이 맞지 않았어요. 필요 없지 않나 싶습니다.

나가오 얼마나 틀렸나요?

D 여명 선고보다 반년 이상 더 사셨어요. 하지만 여명 선고

보다 더 오래 산 그 시간 동안 주변 사람들은 모두 '오늘일까, 내일일까' 불안해 했죠. 그 불안감을 마음의 준비라고는 할 수 없을 것 같습니다.

A 맞다, 틀리다는 차치하고 저는 물어볼 것 같습니다.

나가오 부모님의 경우 말인가요?

A 아니요. 제 여명 선고까지 포함해서요. 하지만 지금 오가는 얘기를 들으니 여명 선고를 받아도 안락사나 존엄사 같은 걸 제가 스스로 선택하지는 못할 것 같기도 해요. 어차피 정해진 대로 될 수밖에 없다고나 할까요.

나가오 일리 있는 말이에요. 이건 임종기 의료의 '죽을 권리'와는 또 다른 얘기입니다. 사람은 태어나고 싶어서 태어난 게 아닙니다. 부모도 국가도 성별도 모두 내가 선택하지 않았죠. 죽음도 마찬가지입니다. 어떤 식으로 죽을지, 언제 죽을지, 어디서 죽을지를 모두 본인이 정하려는 것은 인간의 이기심이라고 할 수도 있어요. 그래서 나는 사실은 '죽음'에 형용사를 붙이는 걸 좋아하지 않습니다. '죽음'은 '죽음'일 뿐이라고 생각합니다. 하지만 지금의 임종기 의료에 의문을 던지기 위해서는 형용사를 붙이지 않으면 안 돼요.

B 그렇다면 브리타니도 이기적이었던 건가요?

나가오 거기까지는 말하지 않았어요. 하지만 기본적으로 '기다려야' 하는 겁니다. 조금 심한 표현일지도 모르지만 브리타니는 기다리지 않았어요. 젊었던 탓도 있겠죠. 서양과 일본의 문화적 차이나 종교의 차이도 있겠고요.

철학자 와시다 기요카즈鷲田清一는 《'기다린다'는 것》(2006)이라는 책을 썼어요. 책 소개 글에는 "현대는 기다리지 않아도 되는 사회, 기다리지 못하는 사회가 되었다. 우리는 뜻대로 되지 않는 것, 어쩔 수 없는 것, 가만히 있을 수밖에 없는 것, 그런 것에 대한 감수성을 잃어가고 있다. 우연을 기다리고, 자신을 초월하는 것을 따르고, 미래의 방문을 기다리는 등 '기다림'이라는 행위나 감각에서 비롯되는 인식을 임상철학의 관점에서 고찰하고자 한다."고 쓰여 있습니다.

좋은 말이죠? 죽음이란 그야말로 '나를 초월한 것'이라고 생각합니다.

3장

당신에게
죽음이란 무엇인가?

A 죽음이 '기다려야 하는 것'이라는 점은 이해가 갑니다. 하지만 의사에게 6개월 남았다는 말을 듣고 아아, 그렇습니까 하면서 평상심을 유지할 수 있는 사람은 거의 없지 않을까요? 연세가 든 분들이라면 몰라도 브리타니나 우리 같은 20~30대의 경우에는 더욱 제정신이 아닐 겁니다. 죽음이 코앞에 다가오면 빨리 죽고 싶어질지도 몰라요. 그러니까 더욱 여명 반년이라는 선고와 동시에 '어떻게 죽을 것인가'라는 선택지를 제시해 주는 건 좋다고 생각합니다.

G 저도 그렇게 생각해요. 주변에서 일본은 기독교 문화와 달라 자살은 죄가 되지 않으니 괜찮다고 해도, 아까 나가오 선생님이 말씀하신 것처럼 자살이라는 건 역시 무서워서 못 할 것 같습니다. 브리타니처럼 의사가 도와주지 않으면 죽고 싶어도 죽지 못하는 경우가 있겠죠. 도움을 받는다 해도 무섭기는 마찬가지지만요.

나가오 자살이나 안락사가 무섭다면 6개월 여명 선고를 받은 다음 자연히 찾아올 죽음을 기다리는 게 낫지 않을까요?

A 하지만 그건 그 나름대로 아프고 고통스러운 임종기가 기

다리고 있겠죠?

나가오 과연 그렇겠군요. 임종기라는 아프고 고통스러운 나날인가, 자살이나 안락사인가 하는 선택지가 필요하다는 얘기로군요. 그런데 임종기를 아프고 고통스러울 거라고 생각하는 이유는 뭔가요?

A 왜라뇨... 그렇지 않나요? 어떤 죽음이든 아프고 고통스러울 것 같아요. 물론 사고 등으로 즉사하는 사람도 있으니까 그 시간의 길이는 다르겠지만요.

나가오 알겠습니다. 자, 임종기란 대체 뭘까요? 그것부터 다시 한 번 생각해 봅시다. 사실은 일본이든 다른 나라든 임종기를 의학적, 객관적으로 정의하기는 매우 어렵습니다.

임종기에 대한 정의는 아무도 잘 모른다!

B 그럼, 의사들은 무얼 가지고 임종기라고 하나요?

나가오 경험을 통해 느낌으로 아는 것 같아요. 나도 물론 많은 사람을 봐왔기 때문에 대개는 압니다. 가끔 빗나갈 때도 있지만요. 하지만 정의를 내린다는 것은 누가 봐도 알 수 있어야 한다는 의미입니다. 극단적인 예지만 혈압이나 심박수, 혈액 검사 등의 수치에 의해 어떤 기준을 마련하는 것이 '정의'가 될지도 모릅니다. 하지만 수치 같은 것은 사람마다 달라요. 임종기는 그런 숫자로 매겨진 정의와는 차원이 다르다고 생각해요.

D 그래도 누구에게나 임종기가 찾아오죠.

나가오 좋은 질문이에요. 임종기는 누구에게나 찾아오는가? 사실은 그렇지 않습니다. 노쇠 · 질병 · 장애. 대충 분류한 것 같지만 95%의 현대인이 이 중 하나의 요인으로 사망한다고 해요. 즉 95%의 사람에게는 임종기가 있다고도 할 수 있습니다. 현대 일본에서 임종기 없는, 즉 사고나 자살, 혹은 급성 질병 등으로 돌연사하는 사람이 5% 정도 된다는 걸 알 수 있습니다.

임종기에 대한 정의는 없지만 일본 의사들 사이에서는 '노쇠 · 질병 · 장애가 진행하여 예상되는 여명이 3개월 이내인 정도'라는 기준이 있는 것 같습니다. 특히 말기 암의 경우는 임종기를 예측하기가 쉽다고 할 수 있어요.

임종기는 노쇠·질병·장애의 진행 정도로 판단한다

<u>나가오</u> 일본인의 사인死因을 정리한 그래프를 한번 봅시다.

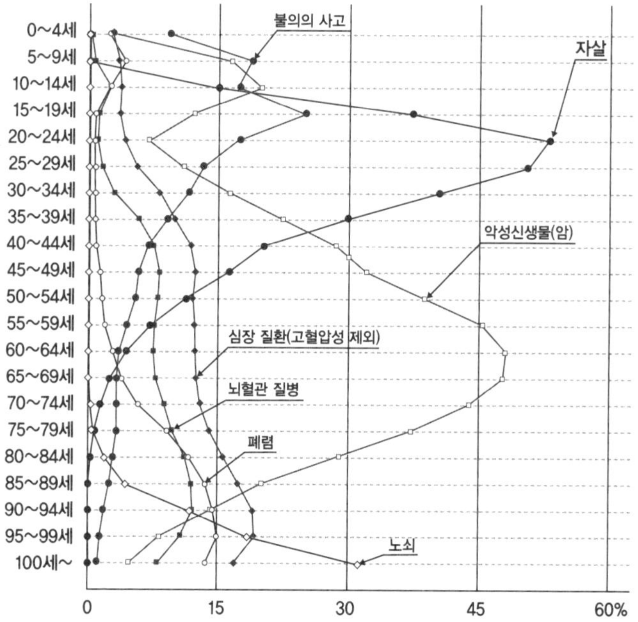

후생노동성 '2012년 인구동태통계'를 기초로 작성

E 우리 세대(20~30대)는 자살이 1위군요.

나가오 그렇겠죠. 젊은 사람들은 빨리 죽지 않아요. 지금 E가 말한 것처럼 자살이나 불의의 사고, 살인으로 불행한 죽음을 맞이한 사람에게는 임종기가 없습니다. 화산 분출이나 쓰나미로 죽은 사람에게도 임종기가 없죠. 이처럼 5분 전까지는 설마 내가 죽을 거라고는 생각지도 않았는데 죽는 사람도 있습니다.

혹은 내가 지금 여기서 갑자기 심근경색을 일으켜 쓰러져 10분 후에 죽을 수도 있어요. 이 교실에 AED(자동 체외식 제세동기)가 설치되어 있나요? 없죠? 그렇다면 죽을 확률은 훨씬 높아집니다. 갑작스러운 심정지로 사망. 이것은 곧 임종기가 없었다는 얘기예요. 목욕탕에서 돌연사하는 사람이 연간 2만 명이나 됩니다. 퇴근 후 동료와 한잔하고 집에 와서 '아, 오늘은 피곤했다'며 욕조에서 잠이 들었다가 익사하는 경우인데, 그런 사람들의 사망진단서를 쓰는 게 내가 하는 일이에요. 그런 사람들에게도 임종기가 없죠.

A 임종기와 여명 선고의 차이는 뭔가요?

나가오 고마워요. 이것도 명확한 정의는 없습니다. 의사에 따라 의견이 엇갈리는 부분이 있다고 생각해요. 넓은 의미에서 죽음이 보이기 시작하는 것이 여명 선고이고, 더욱 좁은 의미, 짧은 기간에 죽음을 예측할 수 있게 되면 이것을 여명기라고 부른다고 생각합니다. 하지만 나는 성격이 약간 비딱한 데가 있어 갓 태어난 아기를 보면 '아아, 이 아이는 여명 80년이구나' 하고 생각해요. 한번은 스무 살짜리 귀여운 아가씨에게 "당신은 여명이 60년이다, 언제까지고 나이를 안 먹을 것 같지만 금방 할머니가 된다"고 했다가 핀잔을 듣기도 했답니다.

아까 말씀 드렸듯이 의사들 사이에서는 일단 여명 3개월 이내를 임종기라 부르는 기준이 있지만, 당사자 입장에서는 여명 6개월, 3개월, 한 달, 3일, 하루, 1시간… 이 모두가 각각 전혀 다른 얘기라고 생각하지 않나요? 예를 들어 브리타니처럼 의사가 선고한 여명이 지났어도 살아있는 경우, 그 여명이나 임종기라는 말은 의미가 없어지는 겁니다.

C 사람이 살아있다면 그건 누구나 여명을 살고 있다는 말씀이군요. 태어난 순간부터 죽음을 향해 살고 있다는.

태어난 순간부터 죽음을 향해 산다

나가오 그래요. 지금 C가 상당히 중요한 얘기를 해줬어요. 이 말은 반드시 기억하기 바랍니다. 나는 앞으로 몇 년을 더 살까를 생각하면 사는 것은 결코 헛되지 않아요. 사람은 치사율 100%니까요.

인생은 종종 마라톤에 비유되고는 하는데, 마라톤에는 중간 지점에 반드시 반환점이 있죠. 전환점까지가 전반전, 전환점을 돌면 후반전 시작입니다. 인생 80세라고 하면 반환점인 40세 정도까지는 여명이나 죽음에 대해 별로 의식할 필요 없지만 40세~50세를 넘으면 확실히 죽음까지의 거리가 빠르게 짧아지는 법입니다.

예를 들어 의사들은 빨리 죽는다고 하니 나는 기껏해야 70세 정도까지 살겠구나 하고 있어요. 70세까지 산다면 뭐, 이것도 내 멋대로 걸어보는 희망이지만 앞으로 14년 남은 거네요. 14년 동안 뭘 할 수 있을까요? 새로운 연애? 농담이에요. (웃음) 아무튼 많은 다양한 것을 생각하겠죠. 하지만 여기 계신 여러분은 아직 반환점조차 보이지 않는 곳에 있어요. 그러니까 자기는 절대로 죽지 않을 거라고 생각하는 사람이 있는 게 아닐까요?

D 네, 지금은요. 저는 제가 죽을 거라는 생각은 해 본 적도 없어요.

<u>**나가오**</u> 그럼, 죽고 싶다고 생각한 적은요?

D 그런 생각도 안 해 봤어요. 또래 친구들 중에는 쉽게 '이제 죽고 싶다'고 하는 친구도 있는데, 저는 그게 진심인지 잘 모르겠어요.

<u>**나가오**</u> 그렇죠. '죽고 싶다'고 입버릇처럼 말하는 사람이 오히려 더 오래 살기도 하고요. 하지만 이게 꼭 젊은 사람들에게만 해당되는 얘기는 아닐지도 몰라요. 나한테 재택 진료를 받는 100세 할아버지도 "내가 죽는다는 게 상상이 되지 않는다"고 진지한 얼굴로 말합니다. 이런 경우는 이런 경우대로 또 행복한 거예요. 100세까지 건강하게 자기 집에서 살아왔다는 건 이제 노쇠하여 천천히 평온사(존엄사) 하는 코스 외에 다른 일은 없을 거라는 얘기도 됩니다. 사실은 그 100세 할아버지 이웃에 사는 할머니도 내 재택 환자예요. 아흔이고요. 이 할머니가 얼마 전 돌아가셨습니다. 나는 돌아가시기 직전에 100세 할아버지 댁에 왕진을 갔다가 이런 얘기를 했

어요.

"할아버지, 옆집에 사는 우메코 할머니 알죠? 그 할머니 곧 죽을 거 같아. 뭐 전하고 싶은 말 있어요?"

할아버지가 뭐라고 했을 것 같아요?

"오호, 우메코 할머니가 죽는다고? 불쌍하네. 하하하하하."

나쁜 뜻으로 웃은 게 아니에요. 100세 할아버지는 죽음이라는 게 너무나 자기와는 거리가 먼 존재로 여겨졌기 때문에 웃었을 겁니다. 그러니까 나는 죽지 않을 거다. 나만큼은 예외적으로 살아있다고 생각하는 겁니다. 일리 있는 생각이에요. 아까도 얘기했듯이 내가 '죽었다' '충격적이다!'라고 말하는 사람은 이 세상에 없으니까요.

우리 모친도 그래요. 여든넷이거든요. 사실 우리 모친은 병원을 아주 좋아해요. 그래서 얼마 전에 이렇게 물어봤습니다.

"어머니는 어디서 숨을 거두고 싶어요? 병원? 아니면 이대로 집에서? 가능하면 어머니 뜻대로 할게요."

모친이 이렇게 말하더군요.

"가즈히로, 부모한테 그런 거 묻는 거 아니다. 재수 없게!"

모친한테 결국 싫은 소리만 듣고 말았어요.

일동 (웃음)

죽음, 나는 예외일까?

나가오 하지만 그만큼 죽음을 멀리함으로써 건강하게 살 수 있기도 합니다. 매일 진지하게 죽음만 생각한다면 그것 또한 정신적으로 문제죠. 물론 존엄사협회에는 가입하는 게 좋다고 생각하지만 그렇다고 해서 매일 죽음을 의식해야 한다는 건 아니에요. 가끔 생각나면 그걸로 충분해요.

A 하지만 일본인은 세계적으로 봐도 죽음을 그다지 의식하지 않는 국민인 것 같습니다. 거기에는 '재수 없다'는 미의식도 작용하는 것 같은데 한편으로 종교가 없는 사람이 많은 것도 큰 요인이 아닐까요. 과거의 전쟁도 그렇고, 예를 들어 동일본대지진도 금방 잊었다고나 할까. 저를 포함해서요.

나가오 확실히 그래요. 좋은 건지 나쁜 건지, 일본인은 자신의 죽음에 대해서는 낙천적인 부분이 있는 것 같아요. 그건 존엄사협회 일을 할 때도 절실히 느낍니다. 낙천적이기 때문에 자신의 최후에 대해서도 '가족이 알아서 잘 해주겠지' 하고 생각하는 거예요. 특히 남성의 경우는 이런 경향이 두드러집니다. 예를 들어 여든둘의 남성에게 위암이 발견되었다고 합시다. 나는 평균 수명 이후에 발견된 암이라면 꼭 적출 수술을 하겠다는 생각은 버리는 게 좋다고 생각해요.

"아버님, 어떻게 하시겠어요? 위 떼어버릴까요? 아버님 나이면 떼어내지 않고 상태를 지켜보는 방법도 있어요." 하고 묻습니다. 그러면 대개는 이런 대답이 돌아와요.

"나는 잘 모르니까 자식들한테 물어보고 정하구려."

다른 것도 아닌 자신의 소중한 장기, 위입니다. 만약 미국 사람이 이것을 떼어내느냐 아니냐를 자식에게 맡긴다는 얘기를 들으면 놀라 자빠지겠죠.

일동 (웃음)

나가오 자, 그럼 이제 A가 질문했던 임종기는 아프고 고통스러운가, 하는 본론으로 들어갑시다. A는 임종기가 얼마나 아프고 고통스러울 것 같나요?

A 물론 어떤 병에 걸렸느냐에 따라 다를 거라고 생각합니다. 방금 전 말씀하신 100세의, 노령으로 돌아가실 할아버지 같은 분은 대체로 아프지 않고 돌아가실 것도 같아요. 하지만 암으로 죽는다든지 하면 역시 아프겠죠.

나가오 얼마만큼이나 아플 것 같나요? 견디기 힘들 정도?

A 그럴 것 같아요. 고통으로 몸부림 치고, 그래서 모르핀 등으로 고통을 완화시키는구나 싶어요.

나가오 모르핀을 맞으면 어떤 느낌일 것 같아요?

C 모르핀이라면 마약이죠?

나가오 마약이 무섭나요?

C 네, 무서워요. 내가 내가 아니게 될 것 같다고나 할까. 하지만 그렇게 하지 않으면 고통을 줄일 수 없구나 싶은 생각은 듭니다.

나가오 그렇군요. 분명히 대부분의 말기 암은 고통을 동반합니다. 개인차는 있지만 대단히 아파하고 괴로워하는 사람도 있어요. 아주 별나지 않고서야 아픈 걸 좋아하는 사람은 없죠.

고통. 사실 고통은 개인차가 대단히 큰 감각입니다. 학교에서는 흔히 '남의 아픔을 이해하는 사람이 돼라'고 가르치죠. 하지만 내 생각에 다른 사람의 아픔은 절대 공감할 수가 없어요. 고통이라는 것은 개인차가 크기 때문이에요. 그러나 그렇다고 해서 '별로 아프지도 않을 텐데 엄살은…' 하고 얕잡아보면 안 됩니다.

우리는 대부분 비슷한 정도의 상처, 같은 상태의 질병이라도 고통의 강도라는 것은 개인에 따라 10배… 아니 100배 이상 다르다는 것을 경험적으로 알고 있어요. 어렸을 적 학교에서 독감 예방주사를 맞은 적이 있죠? 엉엉 울면서 아파하는 친구도 있고 모기한테 물린 것처럼 태연했던 친구도 있었을 겁니다. 그 풍경이 고통의 개인차가 얼마나 큰지 상징합니다.

고통이라는 것은 뇌의 감각이에요. 피부도 내장도 아닌, 당신의 뇌가 '아파!' 하고 느끼면 아픈 겁니다. 단지 육체적인 감각뿐 아니라 정신적, 심리적인 감각을 동반하기 때문에 그 정도의 개인차가 생깁니다. 그리고 '고통'은 크게 네 종류로 나눌 수 있다고 해요.

고통의 네 종류

육체적 고통 통상적인 신체적 고통이나 일상생활의 장애

정신적 고통 불안과 공포, 분노, 우울증 등 마음의 고통

사회적 고통 질병 때문에 일을 잃고 경제적으로 어려워지거나 사회적인 소외감으로 인해 느끼는 고통

영혼의 고통 정신적인 고통보다 더 깊은 곳에서 오는 인생의 의미에 대한 질문, 영적인 것, 사생관에 대한 고민

이 네 가지 고통은 '전인적인 고통'이라고도 불리며 사람이 사람으로서 느끼는 고통입니다. 임종기에는 이들 고통이 돌아가면서 찾아온다고 해요. 이 네 가지 가운데 건강한 여러분에게는 어렴풋이 알 것 같은 고통과 느낌이 오지 않는 고통이 있을 거예요. 특히 젊은 여러분이 '영혼의 고통'에 대해 생각하는 건 어려운 일이겠지요. 이것은 죽음을 눈앞에 둔 사람만이 느낄 수 있는 고통이라고 생각합니다. 지금 내가 아는 것처럼 말하고 있지만, 사실은 나도 전혀 모르는지도 몰라요. '영혼의 고통'이란 '왜 살아왔는가' '내 삶은 가치가 있었는가' '어째서 그때 다른 길을 가지 않았을까?' '죽으면 나는 어디로 가는 걸까?' 등 자신의 인생을 돌아보며 생사에 대해 근원적인 의미를 날카롭게 묻는 데서 오는 고통입니다.

C 그렇다면 치매에 걸린 사람은 '영혼의 고통'을 느끼지 못하지 않을까요?

나가오 그렇지 않아요. 치매에 걸린 사람도 '영혼의 고통'이 있습니다. 문제는 주변에 그 고통을 알아챌 수 있는 사람이 있느냐 하는 거죠. 그런 데이터를 발표한 사람이 없어 정확히는 말할 수 없지만 치매에 걸리면 아무것도 모르고 죽는다는 사실조차 모를 거라고 생각하는 건 상당히 거만한 태도입니다.

G 이 네 가지 고통 가운데 의료로 고칠 수 있는 건 '육체적인 고통'뿐이지 않나요?

나가오 사람에 따라서는 그럴지도 몰라요. 하지만 의사들은 그 밖의 고통도 의료를 통해 어느 정도 완화시킬 수 있지 않을까 생각합니다. 의료에는 '완화의료palliative medicine'라는 영역이 있습니다. 이 단어를 들어본 사람 있나요?

완화의료는 암 진단을 받은 순간부터 시작
암과 암 이외 모든 의료의 토대

C 제 친구 어머니는 지금 완화케어 병동이라는 곳에 계세요.

나가오 그 어머니는 암 환자시죠? 완화의료와 완화케어라는 말은 거의 구분 없이 사용되는 것 같아요. 문자 그대로 근본적으로 질병을 치료하는 의료가 아닌 환자의 고통과 아픔을 완화시키기 위한 의료를 말하는데, 완화케어는 특히 말기 암 환자에 대해 사용해요. 2002년에 WHO는 완화케어를 다음과 같이 정의했습니다.

세계보건기구가 내린 완화케어의 정의는?

완화케어는 생명을 위협하는 질환으로 인한 문제에 직면한 환자와 그 가족에 대해 고통이나 기타 신체적, 심리적, 사회적인 문제, 나아가 영적(종교적, 철학적인 심리와 정신, 영혼)인 문제를 조기에 발견하고 정확한 평가와 처치를 하여 고통을 예방하거나 완화함으로써 삶의 질QOL을 개선하는 행위다.

오해를 하는 사람도 많은데, 완화의료는 암 임종기에만 적용되는 의료가 아닙니다. 과거의 의료 현장, 예를 들면 G의 아버님이 암과 싸우던 25년 전, 의료는 환자의 고통이나 아픔을 완화하는 데는 너무나 무관심했어요. 암 치료에는 열심이고 환자의 삶의 질은 나 몰라라 했던 의사가 너무 많았던 거예요. 아픈 역사죠. 그런 반성 위에 지금은 임종기뿐만 아니라 암 치료가 시작됨과 동시에 완화케어도 시작하는 거라고 인식이 바뀌고 있어요.

다만, 이 완화케어의 중심축이 마약 등의 약물을 사용한 의료라는 사실은 틀림없습니다. 나도 매일 임종기의 환자들에게 마약을 사용해요. 하지만 사람들은 마약에 대해 큰 오해를 하고 있어요. '오늘부터 마약을 사용해서 통증을 줄여 봅시다' 하고 말하면 '나를 마약 중독으로 만들지는 말아달라'는 환자도 있습니다.

지금, 80대나 90대인 분들은 특히 젊은 시절에 '필로폰 중독자'를 봤기 때문에 그런 생각이 더 들지도 모르겠어요. 여러분은 혹시 필로폰에 대해 알고 있나요?

A 들어본 적은 있어요. 2차대전 후 합법적으로 쉽게 살 수 있었다는 얘기요.

나가오 그래요. 지금은 상상도 할 수 없는, 중독성 있는 마약이 술보다 싼 값으로 버젓이 유통되던 시절이 있었습니다. 왜 필로폰이라 불렸는지 아나요? 피로가 퐁하고 날아가기 때문이라고 해요. (필로폰의 일본 발음 히로폰의 '히로'가 피로라는 뜻이다. —옮긴이) 참 쉬운 이름이죠. (웃음) 그런데 이로 인해 인생이

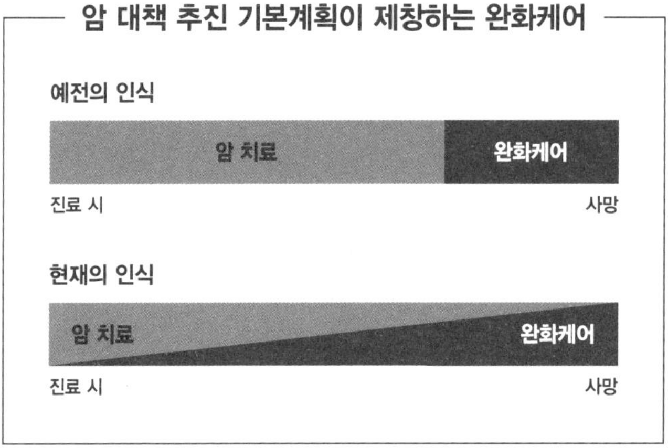

망가진 사람도 많았다고 해요. 이 필로폰과 지금 완화의료에서 사용하는 의료용 마약은 완전히 다릅니다. 의료용 마약에는 마시는 유형과 붙이는 유형이 있어요. 마약이나 각성제 같은 중독성이 없습니다. 물론 체포되지도 않아요. 다만, 아까도 말했듯 고통의 강도는 저마다 다릅니다. 마약을 사용하는 환자의 통증 조절은 의사의 재량에 따라 크게 좌우됩니다.

나는 재택 의료 의사로서 많은 암 환자를 진료하고 있습니다. 그 가운데 의료용 마약을 사용하는 경우는 60% 정도 될까요. 40%는 마약을 사용할 필요도 없을 정도로 별다른 통증도 없고 평온하게 여행을 떠납니다. 물론 그 40%의 분들도 통증이 전혀 없었냐고 하면 그렇지는 않아요. 어디까지나 정도의 차이입니다.

B 제 부모님도 그때가 되면 가능한 한 집에서 보내드리고 싶습니다. 하지만 병원에 입원해 있는 편이 이런 완화케어를 비롯해 통증 조절이 쉽지 않을까요. 집에서는 통증 완화 치료가 불가능하지 않나요?

나가오 많은 분들이 그렇게 생각하는 것 같은데 결코 그렇지 않아요. 병원이 덜 아프고 집이 더 아프다고 말하는 환자는 한 번도 못 봤습니다. 장소의 문제라기 보다는 담당의사 개개인의 조절 능력과 재량의 문제라고 생각해요. 만약 암 때문에 재택 의료 의사를 찾는 경우에는 통증이 있을 때 의료용 마약을 사용해 줄 수 있는지 여부를 미리 확인해 두는 것도 좋은 방법입니다. 개중에는 의료용 마약을 사용해 본 적이 없다고 말하는 의사도 있거든요. 가능하면 의료용 마약을 능숙하게 사용할 줄 아는 재택의료 의사를 찾으세요. 역시 평판이 중요할까요? 그러면 거의 100% 집에서 평온하게 마지막을 맞이할 수 있을 겁니다.

C 지금까지 선생님의 얘기를 듣다 보니, 특히 임종기에는 연

명 치료라든가 완화케어 같은 것이 반드시 동반되고 그런 과정을 거쳐 죽음을 맞는 게 일반적인 것 같습니다. 하지만 수술이나 수혈을 거부하는 사람이나 모든 치료를 거부하는 사람도 있지 않나요? 환자가 '나는 어떤 치료도 받지 않고 이대로 죽고 싶다'고 하는 경우 선생님은 뭐라고 답하는지요?

나가오 좋은 질문이에요. 나이나 병세에 따라서는 그것도 존엄사가 될 수 있다고 생각합니다. 그 사람의 존엄을 지킨다는 의미에서 말하면 어떤 의사도 환자의 뜻을 거스르는 행위는 할 수 없는 거예요. 환자가 '하지 않겠다'고 하면 임종기가 아니고 치유될 확률이 상당히 높은 병이라 해도 의사는 치료를 해서는 안 됩니다. 사실은 지금 극도의 의료 불신에 빠져 모든 치료를 거부하는 환자도 적지 않아요. 자, 내가 질문 하나 할게요. 당신이 내일 갑자기 암이라는 선고를 받으면? 아무것도 하지 않고 방치하는 편이 좋다고 생각하나요?

나이나 병세에 따라 존엄사를 고려할 수 있다

C … 모르겠어요. 책을 읽든지, 여러 방면으로 알아봐야 답

을 할 수 있을 것 같습니다.

<u>나가오</u> 그럼, 당신이 아니라 당신의 할아버지나 할머니가 내일 암 선고를 받으면요? 예를 들어 위암이라 가정해 봅시다. 만약 당신에게 아흔 살의 증조부가 있는데, 요즘 왠지 식욕이 떨어져서 내시경 카메라를 삽입해 보니 위암이 발견됐다면요.

나라면 방치하라고 권하겠습니다. 그 이유는 '연세가 있으니까'요. 아흔 살의 체력으로 위를 적출하고 항암제 치료를 해서 고통을 주는 것보다 그냥 내버려 두는 편이 오히려 더 오래 사실 수도 있고 무엇보다 지금의 생활에 손상을 주지 않으면서 마지막까지 온전히 갈 가능성이 높기 때문입니다. 이것도 일종의 존엄사입니다.

아흔을 넘긴 할아버지의 경우는 암이 발견되어도 조치를 하지 않고 그대로 존엄사를 선택하는 데 적극 찬성해요. 하지만 만약 젊은 당신이 암에 걸렸다면요? 모든 치료를 거부하고 암을 방치하겠다는 환자의 뜻에 따른 결과 죽음을 맞이했다면 나는 의사로서 '아쉬운 선택'을 했다는 생각을 할 수밖에 없습니다. 아쉬운 선택보다는 존엄성을 가지고 역시 의료 혜택을 받기 바랍니다. 나을 가능성이 있다면 역시 치료를 하기 바라요.

E 지금 선생님이 말씀하신 '존엄성을 가지고'라는 말을 좀 더 구체적으로 알려 주세요.

나가오 아, 그래야겠군요. 존엄이란 뭘까요? 사전에는 '인물이나 지위 따위가 감히 범할 수 없을 정도로 높고 엄숙함'이라고 나와 있는데, 구체적으로는 어떤 거라고 생각하나요? 거꾸로 내가 여러분한테 배우고 싶어요. 여러분에게 '존엄'이란 무엇인가요? 좀 더 알기 쉽게 얘기하면 이걸 잃는다면 죽는 편이 더 낫다고 생각하는 게 뭐가 있을까요?

E 자유?

B 당장 떠오르는 건… 자신의 희망, 이렇게 하고 싶다, 저렇게 하고 싶다는 의사意思요.

D 가족이요.

C 행복?

나가오 어떤 행복 말이죠? 어떨 때 행복하다고 느끼나요?

C 표현하기는 어려워요. 하지만 브리타니 메이나드의 얘기를 들었을 때, 그녀는 의사에게 곧 죽을 거라는 말을 들은 후 '행복의 모습'을 찾기 시작했다고 생각합니다.

나가오 그렇군요. 브리타니한테는 무엇이 '행복의 모습'이었다고 생각하나요?

C 글쎄요… 그녀의 경우, 사랑하는 남편에 대해 잊지 않고 죽는 것. 이것이 그녀에게는 '행복의 모습'이었을 거라고 생각해요.

나가오 가장 사랑하는 사람과 손을 잡고 함께 여행을 하고 사랑한다고 말할 수 있는 상태가 무너지는 게 두려웠을까요?

C 그랬다고 생각해요. 그렇게 되는 게 싫어서 안락사를 선택한 거죠. 그것이 그녀의 존엄이었으니까요.

A 다시 생각해 보면 저는 지금까지 '존엄성을 잃었다'고 느낀 적이 없네요. 그래서 잘은 모르지만 예를 들면 '자존심'이나 '일상 생활을 영위하지 못하게 된다'거나 '누군가로부터

지속적으로 강한 압력을 받았다'는 그런 느낌인 것 같습니다.

G 저는 문자 그대로 '철저하게 존중 받기 위한, 그 무엇으로부터도 침범 당하지 않는 자신의 의사'라고 생각합니다.

나가오 그건 누구에게나 공통되는 걸까요? 인권처럼 보편적인? 아니면 사람에 따라 가치가 다른 건가요?

G 사람에 따라 다르지 않을까요, 저마다요. '당신, 그건 절대로 아냐'라고 말할 수 없는 절대적인 그 사람만의 것이요.

나가오 그러니까 존엄이란 그 사람 고유의 가치관이며 사람마다 다를 수 있다는 뜻이군요.

G 네, 존엄사라는 것은 나의 선택이고 자신이 결정하는 죽음이니까요.

나가오 과연. 존엄에 '사死'가 붙으니 자신이 결정한다는 의미가 더욱 강해지네요.

G 가족이라도 강요할 수 있는 입장이 아니라고나 할까요.

나가오 분명히 그래요. 존엄사란 한마디로 설명할 수는 없지만 기저에 '자기 결정'이라는 게 있습니다. 아까 설명한 리빙 윌(사전연명의료의향서)을 누가 정하느냐 하면 본인만 가능해요. 아무리 가족에게 의존하고 싶어도 말이죠. 브리타니도 '자기 결정'을 한 겁니다. 그녀는 아마 지금의 행복이 무너지는 것을 견딜 수 없었던 거겠죠.

C 리빙 윌은 법적으로 유효한가요?

나가오 나 역시 존엄사협회의 회원이기 때문에 존엄사협회 회원증을 항상 가지고 다닙니다. 카드에는 작게 이렇게 쓰여 있어요. "내가 불치 그리고 말기가 되었을 때는 연명 치료를 거부하겠습니다. 단 필요한 완화 치료는 제대로 해주십시오."라고요. 그럼, 현실은 어떨까요?

C 의료 현장에서는 90%가 실행되고 10%는 거부당한다는 얘기를 예전에 들은 적이 있어요.

나가오 저 세상으로 간 사람한테 물어볼 수는 없습니다. 그렇기 때문에 유족에게 묻죠. 일본존엄사협회에서는 회원이었던 사람이 사망하면 유족에게 편지를 보내 회원증에 적힌 대로 진행되었는지를 묻습니다. 지금까지 조사된 바에 따르면 C의 말처럼 '주렁주렁 줄을 매단 채 죽는 건 싫다. 말라 죽고 싶다.'라는 본인의 뜻은 이 카드에 의해 의료 현장에서 90%가 지켜지고 10%가 지켜지지 않는다는 데이터가 나와 있습니다. 이게 현실이에요. 하지만 리빙 윌이 법적 구속력이 있느냐고 묻는다면 일본은 선진국 중에서 유일하게 없습니다.

'유언장'은 법적으로 유효해요. 내가 죽었는데 만약 재산이 많다면 '천만 엔을 애인에게 주어라'라고 한 줄 써서 공증을 받으면 이것이 유언장이 됩니다. 애인에게 천만 엔이 가는 거예요. (웃음) 유언장은 공식 문서입니다. 이에 반해 리빙 윌은 법적으로 보장된 문서는 아니지만 자신이 직접 쓰고 도장을 찍어 원본을 일본존엄사협회 본부에 보관합니다. 협회 본부는 도쿄 혼고에 있는데, 그 원본은 사무실에 있는 거대한 보관함에 모두 철저히 보관하여 관리하고 있습니다. 다소 형식의 차이는 있어도 각 선진국에는 리빙 윌이 존재하는데 법적 효력이 없는 건 일본뿐이에요.

'유언장'은 법적 효력이 있고, '리빙 윌'은 법적 효력이 없다

G 리빙 윌대로 되지 않은 10%라는 건 어떤 상태를 말하나요?

나가오 가족이나 의사가 본인이 리빙 윌을 작성했다는 걸 모른 채 연명 치료를 계속한 경우가 많을지도 모릅니다. 또 예를 들면 내가 여기서 심근경색으로 쓰러졌다고 합시다. 그대로 병원으로 옮겨졌는데 회복될 가능성이 없다면 아까 리빙 윌 카드를 소지하고 있을 테니 원래는 리빙 윌대로 되겠지만 만약 내 자식이 병실로 뛰어들어와 '우리 아버지는 연금이 많으니 하루라도 더 살게 해주세요!' 하고 의사에게 부탁하면 의사는 자녀가 원하는 대로 할 수밖에 없습니다.

A 그렇군요!

나가오 이게 현실입니다. 그래서 의사가 리빙 윌을 우선시하여 연명 치료를 그만 두면 나중에 내 자식이 그 병원을 살인죄로 기소할지도 모릅니다. 뭐, 우리 애들이 그러지는 않겠지만요. (웃음)

C 하지만 최근 들어 매체에서 많이 다루고 있죠? 존엄사, 안락사, 종활終活, 슈카츠이라는 것도 포함해서요. 그런데 정부는 결론 없는 토론만 되풀이하고 법적 구속력을 부여하지 않는 이유가 뭔가요?

나가오 예리하군요. 그 전에 현실을 정리해 봅시다. 지금 말한 것처럼 '리빙 윌의 법적 구속력'은 이 나라에서는 인정되지 않고 있어요. 법적 구속력이 없다는 것은 인생의 마지막 장에 본인의 뜻을 존중한 형태의 의료를 실시해도 의사가 가족한테 살인죄로 기소될 가능성이 있다는 의미입니다. 하물며 브리타니가 선택한 안락사의 경우 일본에서는 무조건 '살인죄'예요. 왜 일본은 10년 동안이나 리빙 윌의 법적 구속력이 정체되어 있을까요?

단적으로 말하면 반대파의 목소리가 커서 본질적인 논의를 시작할 수 없기 때문입니다. 일본존엄사협회는 14만 명의 청원 서명을 받아 임종기 본인의 뜻을 존중하는 법률을 만들어 달라고 의원연맹에 제안해 왔어요. 벌써 10년 동안이나요. 하지만 국회의원은 물론 의료계… 예를 들면 16만 명의 의사 집단인 일본의사회가 있는데, 이곳도 반대를 표명하고 있어요. 이 밖에 여러 학회도 암암리에 반대를 표명하고 있습니다. 그리고 일본 종교연맹이라는 국내의 불교, 기독교 단체로 이루어진 연맹도 반대하고 있습니다. 그리고 변호사들도 반대, 장애인 단체도 반대예요.

A 왜 그렇게 반대를 하는 거죠?

나가오 모르겠어요. 나도 누가 가르쳐 주었으면 좋겠네요. 하지만 뭐랄까, 존엄사협회를 살인 집단 취급하며 '우리는 살인자들이 설치고 다니지 않도록 존엄사 법안에 대해서는 강력히 반대하는 입장!'이라고 선전하는 게 정의로운 것처럼 보인다고 생각하는 게 아닐까요? 사람들한테는 정의와 악이라는 이분법적인 표현이 더 쉽게 다가갈 테니까요. 나는 언제나 악역입니다. 지식인을 자처하는 이런 일반적인 파괴론자들은 결국 그것을 원하는 많은 사람의 희망을 무시한다고도 생각해요. 그래서 아무리 시간이 지나도 깊이 있는 토론을 하지 못하고 고착 상태가 계속되고 있는 겁니다. 여러분과 지금 나누고 있는 대화가 훨씬 현실적이고 본질적이에요.

C 예를 들어 본인이 갑자기 쓰러져 식물인간이 되는 경우가 있잖아요. 리빙 윌을 작성하지 못한 상태에서 갑자기 쓰러져

인공호흡기를 달고 식물인간 상태로 있는 경우요. 이때 가족이 연명 치료를 하지 말아달라, 인공호흡기와 관을 잔뜩 부착하고 있는 모습을 보고 싶지 않다, 이제 조용히 가게 해 달라고 요청하는 경우에는 가족의 의향을 존중해야 하는 것 아닌가요?

이제 조용히 가게 해 주세요

나가오 모르겠어요. 본인의 뜻이 부재인 상태에서 어디까지 가족이 개입할 수 있는가? 이건 일본에서는 너무나 어려운 문제입니다. 참고로 이웃나라 대만은 본인의 뜻이 불분명해도 가족의 뜻만으로도 연명 치료를 중단할 수 있는 법률이 있어요.

어제도 어떤 사람에게서 그런 상담 문의가 있었습니다.

"아버지가 집에서 쓰러졌는데 심장이 멈춰 구급차로 병원에 실려갔습니다. 의식도 없고 식물인간 상태라서 인공호흡을 하지 않으면 돌아가십니다. 의사 선생님은 어떻게 할 것인지 아들인 당신이 결정하라고 하더군요. 어쩌면 좋을까요?" 하고 말이죠.

이처럼 본인의 의향이 명확하지 않으면 가족의 의향을

묻는 경우도 있어요. 그런데 가족의 정의가 언제 생겼는지 알고 있나요? E는 가족이 몇 명인가요?

E 다섯 명이요.

나가오 같이 살고 있는 가족을 말하는 거예요. 사실 일본에서는 본인 기준으로 6촌까지가 가족으로 되어 있습니다. (한국의 경우, 민법전 가운데에서 제4편 친족과 제5편 상속을 묶어 '가족법'이라고 한다. '친족'의 범위는 부계·모계 동일하게 8촌 이내의 혈족과 4촌 이내의 인척과 배우자이다. —옮긴이) 이 민법이 정해진 것은 메이지 시대입니다. 당신은 지금 '가족은 다섯 명'이라고 했는데 가계도를 보면 민법상으로는 분명 수십 명의 가족이 있을 거예요. 나는 천애의 고아라고 생각하는 사람도 호적을 조사해보면 반드시 가족이 있어요. 죽는 순간에 어디의 누구인지도 모르는 먼 친척 아저씨, 아줌마, 조카라는 사람들이 큰소리치며 들어오는 경우가 실제로 있습니다. 죽기 전까지는 모르는 척하다가 죽는 순간에 '가족인데요' 하는 거죠. 이런 경우가 때로는 의료에 대단히 번거로운 제약이 됩니다.

A 법률이 인정하는 가족과 우리가 감각적으로 가족이라 느

끼는 범주는 큰 차이가 있다는 얘기군요.

나가오 그래요. 시대는 빠르게 변하고 있습니다. 앞으로는 평생 결혼하지 않고 혼자 살다 죽는 사람도 점점 증가할 거예요. 죽음을 생각하는 것은 가족의 형태 자체를 생각하는 일이기도 한 것입니다. 본인이 임종기에 들어섰을 때, 혈연보다는 생활의 기반이나 생각을 같이하는 친구가 본인의 뜻을 더 잘 알아주는 경우도 있겠죠. 하지만 일본에서는 호적상의 연결고리, 혈연관계가 없으면 아무런 힘이 되지 못합니다. 참고로 대만은 본인이 사전에 지명했다면 친구 등 혈연관계가 아니어도 의사 결정을 대리할 수 있는 법률 시스템이 갖춰져 있어요.

A 지금까지는 절대적으로 가족이 우선이었는지도 모르겠습니다. 하지만 앞으로 점점 노인이 증가해 지지 균형이 완전히 반대가 되면 지금의 사고 방식이 통할까요?

나가오 전적으로 맞는 말이에요. 전혀 통하지 않죠. '성년후견인'이라는 말을 들어본 적 있나요? 이건 완전히 남도 될 수 있어요. 2000년에 개호보험제도(스스로 일상생활을 유지할 수 없는 사람을 위해 실시하는 간병보험이다. —옮긴이)가 도입됐을 때,

성년후견인 제도라는 것도 같이 만들어졌는데, 이 제도가 무엇을 위해 필요한가 하면 치매에 걸렸을 때 재산 관리를 하기 위해서예요. 은행 계좌에 돈이 있어도 직접 관리할 수 없는 경우라든지 말이죠.

한편, 예를 들어 치매인 사람이 맹장염에 걸려 병원에 실려 왔을 때 수술을 받을지 아닐지를 결정하는 것을 '의료 후견'이라 하는데 사실 성년후견인 제도는 '의료 후견'까지는 포함하지 않아요. 따라서 현재의 제도로는 아직 한참 불충분하다고 생각합니다. 지금부터는 얘기가 또 복잡해지는데요, '사전지시서advance directive'라는 게 있습니다. 이건 즉 리빙 윌 대리인까지 지정한 서류예요. 누구에게 최종 신탁을 한 것인가? 사전지시서가 있으면 더 확실히 자신의 선택이 실현될 것입니다.

A 리빙 윌은 구두 전달만으로는 효력이 없나요? 예를 들어 제 아버지가 평소에 입버릇처럼 '내게 무슨 일이 생기면 연명 치료를 하지 말고 그냥 죽게 해달라'고 구두로만 여러 가족에게 말한 경우, 아버지의 바람은 이루어질 수 있나요?

나가오 유감스럽지만 구두로 전달한 뜻은 아무런 증거도 되지 않습니다. 예를 들어 내가 A 아버님의 주치의라면 '정말 그

당신에게 가족이란?

10대부터 60대의 남녀 1000명을 대상으로
'가족이란 무엇인가'에 대해 의식조사 (복수 응답)

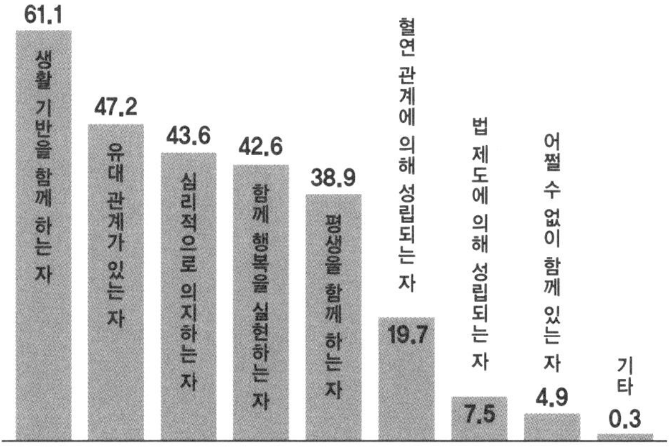

출처: Dentsu Diversity Lab '가족의 다양성' 조사 중에서

런가, 증거를 보여달라'고 할 수밖에 없어요. 중요한 결정에는 그 근거가 되는 증거가 없으면 훗날 소송을 당할 우려가 있으니까요. 그러니 역시 문서화 하는 게 중요합니다.

G 그래도 저는 비록 구두였다 해도 가족은 그 뜻을 존중해서 끝까지 주장할 의무가 있다고 생각해요. 가족의 의미나 형대

는 저마다 다르겠지만, 현재 제 가족들에게는 그런 신뢰 관계가 있다고 생각하거든요. 조금 거만하게 들릴지도 모르겠네요.

<u>나가오</u> 그게 가장 이상적일지도 모르겠네요. 사실 일본에는 리빙 윌이 없는 사람이 99.9%니까요. 99.9%를 위해 '최선의 이익best interests'이라는 개념을 소개하겠습니다. 본인을 잘 아는 가족이나 친구, 지인이 다같이 협의하여 의사 결정을 합니다. 가족의 의견을 어디까지 존중할 것인가는 그야말로 나라마다 다양합니다. 예를 들어 영국에서는 2005년에 '최선의 이익'을 법적으로 인정했어요. 주로 치매에 걸린 사람의 임종기 의료를 어떻게 할 것인가에 관해 협의를 합니다.

D 얘기를 듣다 보니 부모님의 마지막 희망은 들어드리고 싶다는 생각이 들어요. 들어드리지 않으면 안 되겠구나 하는 생각이요. 하지만 역시 생각하고 싶지 않네요. 내 어머니가 '내가 죽으면 무덤 관리 잘 부탁한다'는 말만 해도 슬프고 너무 싫어요.

<u>나가오</u> 부모님의 마지막에 대해 말하고 싶지 않다?

D 말하고 싶지 않아요.

나가오 부모님이 돌아가시는 게 두려워서 말하고 싶지 않나요?

D 네, 두렵고 상상도 하기 싫어요. 생각하지 않을 수 있다면 생각하지 않고 살고 싶습니다.

나가오 하지만 언젠가는 찾아올 일이에요. 만일의 경우가 생겼을 때는 늦으니 부모님 댁에 갔을 때 얘기를 나눠 봐야겠다고 생각한 적은 없나요?

D 머리로는 알고 있어요. 해야 하는데 피하고 있습니다. 사실은 할머니가 지금 자리보전을 한 상태로 집에 계세요.

위루(입을 통하지 않고 직접 위에 음식물을 넣기 위해 만든 구멍이다. —옮긴이)를 만들었어요. 어머니가 돌보고 있고요. 하지만 그런 할머니의 죽음을 상상하는 것만으로도 무서워서 도망치고 싶어져요.

나가오 할머님은 어떤 상태인가요? 식물인간 상태이신가요? 말씀은 하시나요?

인생 마지막 장의 의료, 누구 뜻이 우선일까?

서양

자기 결정 문화 → 대리인 선정

동양

효도 문화

D 제가 말은 걸어요. 하지만 제가 하는 말을 알아 듣는지는… 모르겠어요.

나가오 2012년 이시하라 노부테루라는 정치가가 그런 상태를 '에이리언'이라 표현해서 문제가 된 적이 있었죠. 이 말에 대해서는 어떻게 생각하나요?

D 외관은, 그래요… 감정이 있는 건지 없는 건지, 알 수 없어요.

나가오 할머님을 보고 당신은 어떤 생각을 하나요? 이제 의사소통이 불가능하죠. 표현이 좀 외람되지만 식물인간 같은 느낌일까요? 연명 치료를 하면 나아질 거라고 생각하나요?

D 네. 그렇지만… 돌아가시지 않았으면 좋겠어요. 돌아가시지 않았으면… (울음)

나가오 할머님을 보면 임종기라는 생각이 드나요?

D … 아뇨. (오열)

나가오 미안해요. 울게 할 생각은 아니었어요. 미안합니다. 그래요, 돌아가시지 않았으면 좋겠군요.

결국 그렇습니다. 이게 보통 사람들의 감정이에요. 이전에 의사들을 대상으로 '당신에게 위루가 필요해지면 위루를 만들겠느냐?'는 설문조사를 했는데 거의 100%의 응답자가 자기는 싫다고 답해서 화제가 된 적이 있습니다. 하지만 그런 의사들도 절반가량은 '내 부모님에게는 위루를 만들어 드리겠다'고 했어요. 자기는 하지 않는 것을 부모에게는 해주겠다. 이 문제에 대해서는 어떻게 생각하나요?

본인은 죽고 싶을지도 모른다
하지만 가족이 죽는 것은 바라지 않는다

B 그 마음은 알 것도 같습니다.

나가오 그건 가족을 사랑하기 때문일까요?

B 가족을 사랑하기 때문이라고 생각해요.

사랑하는 가족을 위한 연명 치료?

나가오 아까부터 '연명 치료를 한다 또는 하지 않는다'를 두고 얘기하고 있는데, 그렇다면 애초에 '연명'이란 뭘까요? 말하자면 의학·의료는 모두 연명을 위해 존재합니다. 예를 들어 아버지가 혈압약을 먹고 있다. 뭘 위해서죠? 연명하기 위해서입니다. 만약 약을 먹지 않는다면 수명이 짧아질 위험성이 있다는 사실이 과학적으로 증명되었어요. 혹은 할아버지가 당뇨병으로 하루에 네 번이나 인슐린을 맞는데, 식사 때마다 맞습니다. 뭘 위해서죠? 역시 연명하기 위해서입니다. 아니면 암이 발견됐는데 수술을 할 수 없는 상태라고 합시다. 하지만 항암제를 시도해보자는 제안을 받았다면 이 역시 연명 효과가 있다는 증거가 있기 때문에 하는 겁니다. 위루 역시 연명을 위한 거죠. 이처럼 의학·의료는 본래 모두 연명을 위해 존재합니다.

의학·의료는 모두 연명을 위해 존재한다

나가오 하지만 어린아이의 위루에 대해 생각해 봅시다. 선천성

식도 폐쇄라고 해서 선천적으로 식도가 없는 병이 있습니다. 위루를 통해서만 생존할 수 있는 갓난아기. 이것을 연명이라 부르는 건 어색한 느낌이 들죠. 그리고 루게릭병ALS 환자가 연하嚥下, 즉 삼키지 못하는 경우에도 위루를 만듭니다. 이런 경우들은 연명 치료라기보다는 복지용 도구가 아닐까요. 그러니까 휠체어나 목발 같은 역할을 하는 거죠. 위루가 있으면 보통 사람들처럼 살 수 있다는 의미에서 말이에요. 휠체어나 목발, 안경을 사용하는 걸 '연명'이라고 하는 건 과장이겠죠?

일본에서는 옳고 그름을 떠나 '3대 연명 치료'라는 말이 있습니다. 하나는 인공영양 즉 위루가 있겠죠. 다음은 인공투석, 그리고 인공호흡입니다. 그런데 이런 것들을 지속적으로 한다고 해서 끝없이 연명이 가능한가 하면 그럴 수는 없어요.

인간은 언젠가 반드시 죽습니다. 말기 암의 과도한 수액처럼 오히려 수명을 단축하는 경우도 있습니다. 그러므로 연명 치료의 옳고 그름이 아니라, 그 치료가 진정 연명 가능한 치료 효과가 있는지를 각각의 증상과 진행 상황에 따라 생각해야 한다고 봅니다. 나는 종종 이렇게 강조합니다.

'연명'과 '수명 단축'의 분수령

B 죄송하지만, 분수령이 무슨 뜻인가요?

<u>나가오</u> 일본 열도는 산맥이 죽 이어져 있죠. 그 위로 비가 내립니다. 그 빗물이 최종적으로 어디로 흐르게 될 것인가 하는 경계선이 있어요. 서쪽 바다로 흘러 들어가느냐, 아니면 동쪽 바다로 흘러 들어가느냐, 그 경계를 '분수령'이라 부릅니다. 치료에도 이런 분수령이 있다고 생각해요. 즉 이 치료가 연명을 위한 것인가, 어쩌면 과잉 의료라서 오히려 환자를 괴롭히는 수명 단축 쪽으로 기울어 있느냐… 연명 치료 자체를 부정하는 게 아니라 이 분수령을 잘 분간하는 게 가장 중요합니다.

A 그러니까 임종기에 대한 정의가 의학적으로는 존재하지 않지만 그 분수령을 넘으면 실질적으로 임종기라는 뜻인가요?

<u>나가오</u> 바로 그거예요. 하지만 의료가 발달하면 할수록 임종기는 알 수 없게 됩니다. 병원은 자꾸 제안을 하죠. '이런 걸 하면 이만큼 더 살 수 있다'라고 말이에요. 다양한 방법이 있는

한 병원은 제안을 할 의무도 있는 겁니다. 게다가 일본에는 모든 국민이 의료보험의 혜택을 누리는 전국민보험제도라는 훌륭한 제도가 있습니다. 돈 얘기를 조금 해볼까요? 인공투석을 예로 들어보죠. 치료비는 연간 1인당 500만 엔입니다.

A 500만 엔이나요!

나가오 하지만 지금 일본에서는 그 비용 대부분을 건강보험에서 부담합니다. 위루도 마찬가지예요. 병에 걸리면 연간 수백만 엔 단위의 의료비와 간호비가 소요됩니다. 한편 죽은 브리타니가 살던 미국은 이런 전국민보험제도가 없죠. 미국의 모든 주를 기준으로 보험에 가입되지 않은 사람이 5천만 명 이상이라고 합니다. 다시 말해 일본과는 달리 미국에서는 연간 500만 엔 정도를 지불할 능력이 없으면 인공투석을 받을 수 없어요. 특히 오리건 주는 재정 상황이 어렵습니다. 어쩌면 재정이 어려운 주부터 차례로 안락사법을 통과시키고 있는지도 모릅니다. 미국이 그렇게 할 수 밖에 없는 사회적 배경이 있다는 걸 일본의 매체들도 상세히 보도하지 않아요.

A 지금 일본도 재정이 상당히 어렵지 않습니까? 의료비는

계속 상승하고 있지요? 그렇다면 인공투석의 경우 일흔 이하는 보험으로 보장해주고 일흔 이상은 자비로 해결하는 방법도 있을 것 같은데요. 경제파탄을 피하려면 이런 방법밖에 없지 않을까요?

<u>나가오</u> 그건 나이 차별이 됩니다. 성별, 나이로 사람을 차별해서는 안 된다는 대전제가 있어요. 그렇게 하면 '노인은 죽으라는 거냐?'며 반발하는 사람이 반드시 있게 됩니다. 분규하는 거죠. 그런 발의를 한 정당은 지지율이 추락할 거고요. 그래서 그런 언급을 하는 정치가가 없는 거예요. 오늘날의 일본은 정말 사회보장제도가 잘 되어 있어요. 100세든 110세든 '암에 걸리면 인공호흡기에 의지해 1초라도 더 오래 살고 싶다'는 바람이 확실하게 이루어지는 대단한 나라입니다.

연명을 희망하면 대부분 이루어지지만, 존엄사를 희망하면 대부분 이루어지지 않는다

<u>나가오</u> 하지만 만약 일본에서도 환태평양경제동반자협정TPP이 체결되면 지금과는 완전히 달라질 거예요. TPP가 들어오

면 일본도 미국형 의료를 이행하게 됩니다. 즉 부자보험과 서민보험, 그리고 무보험자로 분류될 날이 올지도 몰라요. 서민보험에서는 분명 현재의 연명 치료를 인정받지 못할 겁니다. 지금의 미국처럼요. 그렇기 때문에 가까운 장래에는 어쩌면 일본은 존엄사(평온사)를 할 수 없는 나라가 아니라 존엄사(평온사)밖에 할 수 없는 나라로 바뀔지도 모릅니다. 그럴 가능성이 높아요. 이는 블랙유머도 뭣도 아닌 현실입니다. 여기 있는 여러분이 노인이 되기 전에 찾아올 현실이에요.

일동 (침묵)

나가오 자, 이제 시간이 거의 다 됐군요. 긴 시간 죽음에 대해 깊은 얘기를 나눠 봤습니다. 이제 여러분에게 마지막 질문을 할게요. 다시 한 번 묻겠습니다.

당신은 안락사, 존엄사에 반대합니까? 찬성합니까?

C 왠지 질문이 간단하지가 않은 것 같아요. 지금 오간 얘기를 들으면서 이런 생각이 더욱 강해졌습니다. 바로 대답할 수 있는 질문은 아닌 것 같아요.

나가오 그렇다면 일본에서 리빙 윌을 법제화하는 데 찬성하나요? 반대하나요?

C 물론 그건 거부할 수 있다는 전제 하에 선택지로서는 있어도 좋지 않을까 생각합니다, 리빙 윌은요. 간단하지 않은 질문에 굳이 답을 한다면 안락사에는 반대하지만 존엄사는 찬성입니다.

G 저는 안락사, 존엄사 둘 다 찬성합니다. 법적인 구속력을 갖는 것도 물론 찬성하고요. 선택의 폭이 넓은 게 최고라고 생각합니다.

B 저도 G와 같은 생각입니다.

A 저는 안락사에는 반대하지만 존엄사에는 찬성합니다. 역시 안락사는 자살이라는 의미가 강한 것 같아서요.

D 저는 존엄사는 찬성이에요. 그리고 안락사는 반대하지 않습니다.

나가오 '찬성한다'와 '반대하지 않는다'는 어떻게 다르죠?

D 찬성한다고는 말하기 어려워요. 하지만 안락사 하고 싶어하는 사람에게 '안됩니다'라고 말할 권리는 없으니까요. 반대는 아니라는 겁니다.

나가오 고마워요. 나도 당신 의견에 가까울지도 모르겠군요. 일본존엄사협회는 안락사에 반대를 표명하고 있습니다. 하지만 나는 개인적으로는 지금 D가 말해준 것처럼 "단호하게 반대라고 말하기 어려운 부분이 있다"고도 생각해요.

내가 브리타니 메이나드와 같은 상태가 되었을 때, 의사로서 나가오 가즈히로는 '죽는 건 안타깝다. 6개월이든 1년이든 더 살 수 있었을 텐데. 여명 선고 따위 쓸데없는 짓이었다.'고 주장하고 싶습니다. 하지만 한 개인으로서 나가오 가즈히로는… 상황에 따라서는 그녀와 같은 선택을 하지 말라는 법도 없습니다.

A 마지막으로 가르쳐 주세요. 앞으로 브리타니 같은 인물의 영상이 인터넷에 넘쳐나 사람들의 의식이 변하고, 안락사가 법적으로 인정될 경우…

나가오 불가능합니다. 그럴 가능성은, 없어요.

A 불가능할 거라고 하셨지만 존엄사 법안(리빙 윌의 법적 구속력)이 통과되고, 만에 하나 안락사법까지 통과된 경우 가령 선생님이 '안락사'를 희망하는 사람에게 직접 죽음에 이르는 주사를 놓아야 하는 상황이 된다면 주사를 놓으시겠습니까?

나가오 아뇨. 절대 하지 않을 겁니다. 그런 일은 할 수 없어요.

50년 정도 된 얘기로 알고 있다. 나와 가까운 사람의 할머니께서는 위암에 걸려 돌아가셨다고 했다. 그분께는 출가한 자식이 둘, 하지 않은 자식이 둘 있었는데 가진 것은 스무 평 남짓한 서울 시내 구옥 한 채. 그분은 자식들에게 그 집이라도 물려주기로 결정하고 결국 수술을 포기했다는 것이다. 스물 갓 넘은 철부지였던 시절, 이 얘기를 듣고는 그 결정을 따른 그 집 식구들을 다시 봤던 기억이 난다. 어떻게 가족을… 어떻게 엄마를… 참 모진 사람들이라고 생각했다.

지금은 생각이 많이 달라졌다. 내게도 두 아이가 생겼다. 만약 내가 기약 없는 임종의 과정에 놓이게 된다면, 나는 어떤 선택을 할 것인가. 차마 이 여리고 어여쁜 자식들을 두고 갈 수는 없을 것 같기도 하고, 누구한테 애걸을 해서라도 하루만이라도 더 보고 싶을 것 같기도 하고, 사랑하는 가족이 여러 어려운 처지에 놓이지 않도록 미련없이 이별을 선택할 것 같기도 하고… 순리대로 태어나 천명을 다하고 순리대로 가는 '자연사'가 가장 바람직하다지만 인생이 어디 그리 뜻대로만 되는가.

삶과 마찬가지로 죽음 또한 참으로 냉정하고 공평하지 않은 것 같다. 누구에게는 서서히 찾아와 마음의 준비도 시켜주고, 누구에게는 청천벽력 같은 사고로 다가와 단번에 이승과의 인연을 끊어 놓는다. 수만 가지 죽음의 모습 중 나는 어떤 모습을 희망하는가 생각해 본다.

작년에 폴 칼라니티의 《When Breath Becomes Air》를 넋 놓고 읽었던 기억이 난다. 《숨결이 바람 될 때》라는 한국어 제목도 좋았지만 나는 'Air'에 담긴 그 투명함에서 죽음을 더 가까이 느꼈다. 그 책을 읽으며 내 죽음도 투명하고 아름답기를 소망했다. 죽음의 모습은 내가 선택하지 못할 가능성이 크기에 그저 소망만 했다. 하지만 아주 조금 내 의지가 반영될 수 있다면 그게 바로 〈사전연명의료의향서〉를 작성하는 게 아닐까.

우리나라에서도 일명 웰다잉법, 존엄사법, 연명의료결정법으로 알려진 〈호스피스·완화의료 및 임종과정에 있는 환자의 연명의료결정에 관한 법률〉이 2018년부터 시행된다. 일각에서는 연명의료결정법을 넘어 안락사법 제정까지 추진 중이라는 이야기도 있다. 반면, 어떤 모습으로든 가능한 한 오래 숨 쉬고 싶다면, 그것 또한 존중 받아야 할 임종 과정일 것이다. 법이라는 그릇을 만들어 놓았으니 사람마다 담고 싶은 음식을 담겠지. 법은 약자를 구원하고, 정의를 실현하고, 개개의 생명을 존중하기 위해 쓰여야 하고 또 그러리라 믿는다.

일본존엄사협회 부회장이자 20여 년간 수많은 임종 과정을 지켜 본 의사 나가오 가즈히로가 젊은이들과 나눈 진솔한 대화를 담은 이 책을 통해, 누구에게나 다가올 죽음에 대해 독자들도 한번쯤 생각해 보는 기회를 가졌으면 좋겠다. 비록 이웃나라 일본의 사례지만, 우리나라의 사회·문화적 상황이 크게 다르지 않아 일본 젊은이들의 고민과 바람에 대해 충분히 공감하며 이야기를 따라가 볼 만하다. 그리고 나선 나와 내가 사랑하는 사람들의 죽음에 대해 생각해보자. 다른 사람들이 죽음에 대해 어떻게 생각하는지도 들어보자.

모든 생명이 존중 받는 삶을 살다가, 덜 아프고 자연스러운 이별을 하는 데 이 책이 조금이나마 보탬이 되기를 바란다.

2017년 11월

김소연